教科書には載っていない！
戦前の日本
~ *The Stories of Prewar Japan* ~ 　武田知弘 著

彩図社

はじめに

「戦前の日本」と聞いて、どのようなイメージを思い浮かべるだろうか？

世界を未曾有の戦乱に巻き込んだ、「軍国主義国家」の姿だろうか。

それとも、治安維持法や検閲制度などで国民の思想を統制した「暗黒の時代」だろうか。

いずれも、間違いではない。

日本は、太平洋戦争を引き起こした主役のひとりである。

大戦前夜、日本では軍部が台頭し、国民もまた戦争に駆り立てられていった。「軍国主義」や「暗黒の時代」は、まさに戦前の日本を象徴するかのようなイメージであろう。

だが、それはあくまで戦前の日本の一面でしかない。

明治維新後、日本は歴史上、他に類を見ないほど猛烈な躍進を遂げた。

近代化、富国強兵を掲げて工場を建て、世界を相手に商売をする。国民の所得も飛躍的に上昇し、それまで見たこともなかった西洋の文化が続々となだれ込んでくる。経済、文化の両面で非常に充実した時代、それが戦前の日本のもうひとつの顔だといえるのである。

しかし、当時の人々がどのような暮らしを送っていたのかというと、その具体的な情報は驚く

ほど少ない。果たして、本当に暗黒の時代だったのか。当時の人々には何の楽しみもなかったの

か。そこを解き明かすのが、本書の趣旨である。

思想的な解釈をせずに見た場合、戦前の日本ほど面白い時代はない。

ほんの少し前までちょんまげを結っていたような国民が、戦艦を動かし、デパートの食堂でハ

ヤシライスを食べ、ポルノ写真を眺めている。

また、今でいうヤクザの親分の国会議員がおり、華族という特権階級がいるかと思えば、街に

は残飯で命をつなぐ何十万もの貧民がうごめいている。

一口では説明できないほどの多様さと雑然さ。それが戦前の日本だったのだ。

戦前といっても、明治維新から開戦まで80年近くもある。この期間をひっくるめて扱うにはム

リがあるので、本書では昭和初期（元年〜14年くらいまで）を主なターゲットとすることにした。

巨大飛行船ツェッペリン号が上空を舞い、忠犬ハチ公が渋谷駅に日参し、アジアの留学生たち

が東京で革命謀議を巡らせていたその時代……。

本書を読めばきっと、今からわずか数十年前の日本はこんな社会だったのか、と驚嘆されるこ

とだろう。

【第一章】不思議の国「戦前の日本」

【地域のボスが国会に登場】

国会議員にヤクザの親分がいた

戦前の逸話
其の01

●国政に名を残す親分議員

国会議員と聞いて、どのようなイメージを抱くだろうか？　海千山千の老獪（ろうかい）な大御所議員か、それとも失言で話題を振りまくお粗末議員か、はたまた虚名を博するタレント議員か。衆議院と参議院を合わせると、その定員は713名。現代の国会にも変わり者は多いが、戦前の日本には、それら個性派議員とは一線を画するようなかなりの強面がいた。

その男の名は、**吉田磯吉**（いそきち）（1867〜1936）。福岡県は筑豊地帯に根城を構え、抱える子分は数知れない。「**九州一の大親分**」「**天下の大親分**」とまで称された任侠者、今でいうところの**ヤクザの大親分**である。

厳粛な国会の場にヤクザが立つ、というのは現代では考えられないことかもしれない。

しかし、戦前は違った。戦前の日本には、「**地域のボス**」とでもいうべき、特殊な存在がいた。

九州一の大親分と称された、吉田磯吉

急激な経済発展に伴い、戦前期の日本では大規模な人口移動が起きていた。職を求める人々は都市部や炭鉱地などに流入して、新しい街や地域が作られていく。だが、人が増えたことによってトラブルも頻発するようになる。古くからの住民と新参者、あるいは新参者同士が揉め事を起こし、暴力沙汰になることも珍しくなかった。そこで、そうしたトラブルを解決する存在が自然に生まれるようになる。それが「地域のボス」なのである。

地域のボスは、荒くれ者や不満分子を力ずくで押さえ込んだ。そのうち、顔役であるボスのもとには、何百人、何千人という子分が集まるようになる。その集団は、現在であれば、「暴力団」と定義されるかもしれない。だが、戦前の社会は、そういう集団を半ば容認していたのである。

そして、その代表格ともいえるのが、吉田磯吉だったのだ。

●九州の大親分

磯吉は、もともと筑豊炭鉱の近くを流れる遠賀川の船頭だった。だが、その恵まれた体

11

躯と並外れた度胸で頭角を現すと、地域の荒くれ者たちを束ねる顔役になる。そして、明治33（1900）年頃には、対抗勢力を駆逐し、北九州一帯の炭鉱関係者を従えるまでに勢力を拡大。その後は全国各地のボスとも繋がりを持ち、次第に社会に対して無視できない影響力を持つまでに至った。

そんな磯吉を象徴する事柄に「放駒事件」というものがある。

明治42（1909）年、大阪相撲協会に所属する大関、放駒が東京大相撲に移籍すると発表した。

当時の大相撲は、東京と大阪のふたつの団体に分かれていた。相撲取りの身分は所属する団体に握られていたため、勝手な移籍は許されないことだった。しかし放駒は大阪での待遇に不満を持ち、あえて**タブーを冒して移籍しようとした**のである。

この一件は、大きな波紋を呼んだ。当時、大相撲といえば人気ナンバーワンのスポーツだったため、新聞各紙はこぞってこの話題を取り上げた。また、水面下では、興行に関わるヤクザの親分や地域のボスたちが互いに意地と面子を張り合ったので、問題はこじれにこじれ、複雑怪奇な様相を呈していた。

そんな中、弱った関係者が吉田磯吉に仲介を打診した。

事件に関係するボスたちの顔を立てて、うまく解決に導いて欲しいとの狙いだった。

依頼を受けた磯吉は、さっそく放駒の移籍を渋っている関西の顔役のもとに赴いた。その際、

磯吉は死をも覚悟していたといわれるが、その顔役とは五分の兄弟だったのが幸いして、顔役は説得の言葉に耳を傾けた。その結果、磯吉は顔役から**放駒の移籍の容認を引き出し、事件を解決**したのである。この仲裁劇は読売新聞などの全国紙でも報道され、磯吉の名は一躍広まることになった。

また、磯吉は**「ストの調停」**でも名を成した。

高まる社会主義思想の影響か、大正から昭和初期にかけての日本では、全国でストライキが頻発していた。しかし、当時はまだ労働法も整備されておらず、公的な調停機関もなかったため、争議がこじれて流血騒ぎになることもしばしばだった。そのため、労働者のまとめ役でもある地域のボスに、調停の依頼が舞い込んできたのである。

吉田磯吉（26歳頃）

調停の打診を受けた地域のボスは、企業から労働者側に有利な譲歩を引き出す一方で、腕力をチラつかせてストライキを押さえ込んだ。このやり方は、当時の社会制度の中では有効な解決策だったのである。

磯吉は、こうした**ストの調停のプロパー**（専門家）ともいえる存在だった。

彼は旭硝子争議、三井炭鉱の長崎沖仲仕紛争など、数々の争議を調停し、**磯吉にかかればどん**
な困難な争議でも必ず解決する、とまでいわれるようになった。

もちろんそのやり方は、きれいなものばかりではない。ときには子分を使って暴力沙汰を起こ
したり、威嚇したりすることもあった。

たとえば、昭和2（1927）年に福島県の労働争議に介入したときには、組合潰しのために、
50人の荒くれ者を送っている。この50人は**「九州の暴力団」として地元の警察に逮捕され**、同時
に隠し持っていた竹やりなども押収されている。彼らは後に釈放されたが、その裏では磯吉の働
きかけがあったのではないか、などともいわれている。

●親分議員の誕生

こうして社会的な影響力を強めていった磯吉は、大正4（1915）年、ついに国政に打って
出る。衆議院議員選挙に立候補し、見事、**福岡県トップの得票数を得て当選**するのである。

それから吉田磯吉は昭和7（1932）年に引退するまで、およそ20年の間、国会議員を務め
た。その豊富な議員生活の中には、思わず唸るようなエピソードもある。

それは「**郵船会社事件**」である。

郵船会社事件とは、大正10年（1921）に起きた政治スキャンダルで、当時の新聞がこぞっ

て報道した社会的な事件だった。

事件のあらましは、次のようなものだった。

当時の政党政治をリードしていた政友会は、

九州一の大親分と称された、吉田磯吉

更なる利権固めを目論み、右翼団体と結託。郵船会社の乗っ取りを企てたのだ。計画では、乗っ取りは右翼団体に繋がる暴力団組員などを郵船会社の株主総会に送り込み、その混乱に乗じて行われる手はずになっていた。**その計画を知って立ち上がったのが磯吉**だった。

磯吉は、配下一門から百余名の決死隊を集めると、総会が開かれる会場付近に配備した。刻一刻と過ぎる時間。磯吉の決死隊の迫力に、ついに政友会は手を出すことができなかった。**乗っ取り計画を水際で防いだ**のである。

事件後、磯吉は新聞記者たちに次のように語ったという。

「紳士がたを暴力で圧迫するとは何事です！

私は郵船に恩も恨みもないが、暴力で不当な野心を遂げようとする者があると聞いては黙っていられない。かかる問題は一会社の問題じゃない。国を危うくするもととなる。いわんや郵船会社は単なる営利会社とは性質が違う。これに対して警察当局もいっこう手を出さんようだから、私は最後の決意をしたのです。数字で争うべきを暴力で争うとは何事かい」

ヤクザのことを古くは任侠者と呼んだ。任侠とは、**仁義を重んじ、困窮する他者のために進んで身体を投げ出せる精神**のことをいう。地域のボスは、任侠の精神を持つ者が少なくなかった。

そして中には、磯吉のように国政の場で活躍する者もいたのである。

大正11（1922）年2月17日の中外商業新報（現在の日本経済新聞）には、「代議士武勇伝」というタイトルのコラムで、次のような文が載った。

何時も金仏のように黙然と控え、しかれども一朝事あるときは何事かを引き起こさん面構えをしているのに吉田磯吉親分がある。磯吉親分は、人も知る炭抗太郎として九州に大縄張を持ち、今幡随院（ばんずいいん）の名さえある人だけに、勇においては他に匹敵する人はあるまいというから、未来の選良とするものの好典型だろう。

次いでは山本内閣当時投票箱を踏躙（ふみにじ）った綾部惣兵衛さんが昔取った杵柄はどうんなもんでえ。腕づくなら何時でも来いと助六気取りで控えてござる。

小泉又次郎

続いては、臨時議会の時、国勢院総裁小川平吉さんを速記台下で殴り飛ばそうとして一大波瀾を捲起した三浦郡の大親分小泉又次郎さんでひと肌脱げば倶利迦羅紋々の凄い人である。

その他長脇差しで有名な信州産の親分木檜三四郎さん、暴れ坊主の蛮寅で聞こえた中野寅吉さんと、なかなかもってこちらも多士済々　〜後略〜

この記事は、ヤクザ代議士を揶揄しているものだが、こういう記事が書かれるほど、「地域のボス」あがりの代議士が多かったということだろう。

ちなみに小泉又次郎というのは、元首相小泉純一郎の祖父。全身に刺青があることから「**いれずみの又さん**」とも呼ばれていた。

吉田磯吉は、昭和11（1936）年に70歳で息を引き取った。地元の福岡で営まれた葬儀には、

降雪の中、2万人が焼香に訪れたといわれている。

戦後、マスコミが発達し、ヤクザが非合法集団というレッテルを貼られてからは、ヤクザの親分が国会議員になるというようなことはなくなった。親分代議士というのは、良くも悪くも戦前の社会の一面を表しているものだといえるだろう。

【意外とおおらかだった戦前の性】

合法的な売春地帯「遊郭」

●政府当局に公認された売春

現代の日本では、**売春はやってはいけないこと**とされている。

売買春を規制する売春防止法によると、売春宿などを経営して売春行為をさせた者は10年以下の懲役、及び30万円以下の罰金。買った当人と売った当人が処罰されないのは制度上の大きな欠点だが、現代の日本では売春は違法行為である。

ところが、戦前は違った。

売春は、**お国に認められた立派な産業**だったのである。

戦前の日本には、**公娼制度**というものがあった。

公娼制度とは、国から許可を受けた貸座敷業者だけが売春を行っていいという制度である。公娼の文字を分解すると、公の娼婦になる。売春婦の存在そのものが国に公認されていたのだ。

大正時代の吉原。飾り窓がある西洋風の建物が並んでいる

この制度では、売春業を行うにあたって、厳しい取り決めがされていた。

貸座敷業はどこでもやっていいというわけではなく、開業できるのは国が許可した場所に限られていた。この合法的な売春地帯は、東京では**吉原**（現在の台東区千束）、大阪では**飛田新地**（現在の大阪市西成区）などが有名である。

業者は、娼妓たちの名簿を提出し、定期的に性病検査を受けさせる義務を負った。また、公娼になるには、尋常小学校卒業以上の学歴が必要で、親の経済が逼迫していること、親が不動産を持っていないことなどの条件が設けられた。当時の公娼は、実家の家計を助けるためにやむなく身売りされるケースが多い。前述の条件は、**娘を簡単に売らせないために作られたもの**だったのだろう。

そうして公娼になると、束縛一色の暮らしを余

19

儀なくされた。

公娼は指定された地域以外に住むことはできなかった。また、貸座敷業者の許可なしには外出することもままならなかった。給料の大部分は前借金の返済に充てられるため、経済的な自由もない。公娼たちは**カゴの中の鳥さながらの日々を送りながら、客をとり続けた**のである。

こうした不自由な暮らしを脱しようとしても、そう簡単に抜け出すことはできなかった。貸座敷を脱走して警察に駆け込んでも、**警察は業者と癒着**していた。警察は話し合いをさせるという名目で業者の下に送り返すか、勾留所に一晩泊めて廃業を思いとどまらせるのが常だった。

それでも運がよければキリスト教系の慈善団体などの手を借りて、廃業することもできたが、それは極めて稀なことだった。

大正14（1925）年の調査では、全国に**貸座敷業者は1万者**あり、そこで働く**娼妓は5万人もいた**とされている。昭和初期には、不景気のため、東北地方などの農村では身売りされる娘が急増した。当時の小学校卒業者の、**少なくとも76人に1人が売春をしていた**ともいわれている。

●女郎部屋は普通の遊びだった

戦前の暗部の象徴のようなイメージがある「遊郭」や「女郎部屋」だが、男性にとっては**身近なレジャー**だった。

昭和初期の吉原仲之町。江戸情緒が感じられる雰囲気だ

戦前といえば貞操観念にうるさいイメージがあるが、男性の性に限っていえば今よりも寛容だった。そのため、男の子が15、6歳になると、親や親戚が**「筆おろし（初体験）」**に連れて行くなどということが平然と行われていた。現代人の感覚からするとなんだか嫌な感じがするが、自分の娘を身売りするような農村でも、成人を迎えた男子を遊郭に連れて行く風習があったというから驚きである。ある年の徴兵検査によると、その年に検査を受けた者の、**実に9割以上の者が公娼や私娼で遊んだ経験があった。**公娼や私娼の存在が、それほど当たり前だったということだろう。

昭和4（1929）年の吉原では、泊まりが3〜10円、4時間コースならその半額ぐらいが相場だった。当時の3円を現在の貨幣価値に換算すると、**おおよそ1万円。**高級遊郭とされた吉原でも

昭和３年頃の玉の井の私娼窟（写真提供：毎日新聞社）

１万円から遊べたということになる。ちなみに、当時、丸の内ビルディングの日本料理屋のうな重が２円ぐらいだった。これが、モグリの私娼窟になるとグッと値が落ち、玉の井（東京都墨田区東向島にあった私娼窟）では２円から５円で遊べた。

こうした貸座敷には、値段や格式に応じて**本部屋**と**回し部屋**があった。

「本部屋」は、６畳から８畳くらいの広さがあって、長火鉢や茶箪笥、鏡台などが備え付けてある。布団は派手な色の絹製で料金も割高だった。

「回し部屋」というのは、別称**ブタ小屋**などとも呼ばれた小部屋で、３畳ほどの破れ障子の部屋がいくつも並んでおり、電灯も２室に１個ぐらいしかない。この部屋の料金は安く、布団は木綿。４畳半の部屋を屏風１枚で２つに区切っているようなところもあった。

22

現在でも盛り場を夜歩けば、ポン引きに声をかけられることがある。当時もそのような客引きが存在していた。彼らは往来の人々に声をかけ、「2円のところを1円50銭にする」などと言って、店に引っ張り込む。ポン引きの言い値を信じて店に入ると、受付では海千山千の遣り手婆がおり、なんやかや理由をつけて値段を釣り上げてきた。そのため、結果的に2円よりも多く払う羽目になることが多かった。

よしんば、ポン引きの言い値で入店できたとしても、部屋の中では娼妓が言葉巧みに別料金を請求してきたり、無理やり飲み食いさせられるなどして、料金を膨らませてきた。そしていざことに運ぼうとしたら、指名した娼妓とは別の娘が出てくる、などということもままあったようだが、ほとんどの場合は客が甘受していたようである。

こうした人身売買に基づく公娼制度は、戦後、**GHQの手によって廃止**された。その後も、しばらく**赤線地帯として営業を続けた**が、昭和33（1958）年に施行された**売春防止法で遊郭や貸座敷は消滅**したことになっている。

だが、それらの風俗店がソープランドやデリヘルなどと称して、半ば公然と営業を続けているのは周知の通りである。

売春は人類史上、もっとも古い職業などともいわれる。

性への欲求がある限り、春を巡る攻防は姿や形を変えて永遠に続いていくことだろう。

【戦前もあった援助交際】

カフェの女給は「夜の蝶」

● 「カフェの女給」とは何だったのか？

永井荷風の『つゆのあとさき』、谷崎潤一郎の『痴人の愛』など、多くの文芸作品に登場し、太宰治の最初の心中相手でもあった**カフェの女給**。

昭和初期の文学を読むと、かなりの頻度で行き当たることになるこのカフェの女給とは、いったい何者だったのか。疑問をもたれた方もおられるのではないだろうか。

カフェと聞くと、現代人ならば喫茶店をイメージすることだろう。そして、カフェの女給といえば、店ではたらくウエートレスを想像するかもしれない。しかし、戦前のカフェは喫茶店というよりは、むしろ**スナックや風俗店に近い存在**だった。

日本に初めてカフェが登場したのは、明治時代のことである。明治44（1911）年、銀座に本格的なコーヒーを飲ませる店**「カフェー・ライオン」**が誕生、大正13年には築地にも**「カ**

昭和7年頃のカフェの様子。飲んでいるのはコーヒーではなく、ビールである

フェー・タイガー」という店が生まれた。それ以降、カフェは全国に波及していったのだ。

ところが、昭和初期の大阪で、カフェは妙な方向に発展する。カフェとエロの融合。今でいうところの**風俗サービスを提供するカフェが登場した**のである。

昭和5（1930）年、大阪の北新地に、女給とキスができる接吻カフェ**「ベニア」**が登場。たちまち大評判になり、雨後の筍のように次々と同種の店が誕生した。当時の大阪には、カフェが3000軒以上もあり、女給の数は1万2000人を超えていたという。

大阪で発祥した「風俗カフェ」は、その後、関東にも進出し、関東大震災から復興の途中にあった東京を瞬く間に席巻した。昭和7（1932）年の統計によれば、東京のカフェの数は8000

軒、女給は1万8000人を数えるほどになっていた。

これらの風俗カフェは深夜営業もしており、女給は喫茶店のウェートレスというよりも、キャバクラ嬢に近いものだった。店からは給料は出ず、女給は喫茶店のウェートレスというよりも、同伴やら店外デートは当たり前で、**援助交際を行うこともままあった。**

●エロサービスはカフェの醍醐味

"風俗"カフェでは、客を呼ぶために続々と新奇のエロサービスが考案された。

たとえば**「地下鉄」**などと称したサービスを供する店もあった。この店では、女給に穴の空いたスカートをはかせており、客がチップを払うとその穴に手を差し入れて、女給の陰部を触ることができた。また、昭和8年には渋谷では、コーヒー1杯15銭で着物の上から乳房を触るか、胸の谷間を上から覗くことができる、というサービスも登場した。

こうした有象無象のカフェが乱立する一方で、なかにはボッタクリバーのようなカフェまで現れていた。そこで客に安心して遊んでもらうために、**チケット制を導入する**店もあった。これはあらかじめ購入したチケットをチップ代わりに女給に渡す、というだけのものだったが、チップの相場が分かりやすいため、評判を呼んだという。

しかし、こうした風俗カフェの隆盛は一時のことだった。時が経つにつれ、風俗カフェは徐々

に姿を消していく。カフェのエロサービスは、昭和初期の大不況の頃がピークだった。不況のあおりで物価が大きく下落、**風俗業も値崩れしていたためできたこと**だったのだ。

そのため、景気が回復すると、カフェのエロサービスは徐々になりを潜めはじめた。しかし、エロサービスがなくなったといっても、カフェの女給は酔客相手の水商売に変わりはなかった。

荷風は日記の中で、女給の存在をこう書いている。

「カツフェーの女給仕人と藝者とを比較するに藝者の方まだしも其心掛まじめなるものあり、如何なる理由に同じ泥水稼業なれど、両者の差別は之を譬ふれば新派の壮士役者と歌舞伎役者との如きものなるべし」

つまり荷風は、昔ながらの芸者に比べて、最近流行のカフェの女給は人情がない、と嘆いているのである。

しかし荷風はこの「カフェの女給」に並々ならぬ興味を抱き、銀座のカフェに通いつめて、『つゆのあとさき』を書き上げているのだ。

「カフェの女給」は、**昭和初期のモダンガールを象徴するもの**でもあり、昔から男たちの詩情をかきたててきた「盛り場の女」でもあったのだろう。

水商売をしている女性のことを**「夜の蝶」**ということがあるが、これはカフェの女給に由来している。カフェの女給は、白い大きなエプロンをし、ひもはリボンのように大きな蝶結びをしていた。この蝶結びから「夜の蝶」という言葉が生まれたのだ。

【モルヒネから覚せい剤まで販売!?】

危ないクスリが薬局で買えた！

**戦前の逸話
其の
04**

● 薬局で買えた危ないクスリ

太宰治の『人間失格』には、次のような箇所がある。

深夜、薬屋の戸をたたいた事もありました。寝巻姿で、コトコト松葉杖をついて出て来た奥さんに、いきなり抱きついてキスして、泣く真似をしました。

奥さんは、黙って自分に一箱、手渡しました。

薬品もまた、焼酎同様、いや、それ以上に、いまわしく不潔なものだと、つくづく思い知った時には、既に自分は完全な中毒患者になっていました。真に、恥知らずの極でした。自分はその薬品を得たいばかりに、またも春画のコピイをはじめ、そうして、あの薬屋の不具の奥さんと文字どおりの醜関係をさえ結びました。

大正５年の千葉県のけし畑。戦前は国内でアヘン（けし）の栽培が広く行われていた

この作品は、作家の自叙伝に近い内容だといわれている。当時の若者文化を今に伝える太宰の代表作である。作品の主人公は、**薬局で処方されたモルヒネ**を使用するうちに、中毒に陥る。そして最後には、家族の手で強制的に精神病院に送られてしまう。

筆者は学生の頃にこの小説を読んで、妙な引っかかりを覚えたことを記憶している。

モルヒネといえば、現代では、**厳重な管理を要する麻薬**である。その麻薬が、本当に街中の薬局で手に入ったというのだろうか。

その後、調査して驚いた。実は、そうだったらしいのだ。

調べてみてわかったのだが、戦前の日本ではいま考えられている以上に、**アヘンなどの薬物が蔓延していた**のである。

もちろん、国も手をこまねいていたわけではない。当時も麻薬の製造や販売は厳しく規制されていた。とく

に、お隣の中国（当時は清）がアヘン禍に悩まされていたので、アヘン類に関してはとりわけ厳重に警戒していた。日本は開国当初から、各国との間で「アヘンを持ち込まない」という条約を交わしていた。また、明治維新直後の明治3（1870）年には、アヘンを無許可で販売する者は最高で死刑に処すという法律まで作っている。

しかし、このように国が防衛策を敷いても、麻薬はその網目をすり抜けてくる。

戦前の日本は、現在以上に中国やアジア各国との往来があった。当時、台湾は日本領であり、朝鮮半島も併合していた。そのため、大陸に渡ってアヘンをおぼえて戻ってくる者がいたり、台湾などから麻薬患者が渡ってくることもあった。また、すでに麻薬の密売団があり、それらの手によって大陸からアヘンが持ち込まれていたという。

その結果、日本本土でもアヘンが蔓延するようになったのだ。

●戦前の薬物乱用の実態

また、当時は**胃痛などの鎮痛剤として、モルヒネやヘロインを処方**することがあり、それを機に中毒に陥る者も多かった。冒頭で紹介した『人間失格』の主人公もこのパターンである。

モルヒネやヘロインといえば、アヘンの成分を抽出した精製物であり、現在では麻薬に指定され、厳重に取り扱われている。しかし、当時は非常に管理が緩かった。医師や薬剤師に麻薬に指定さ

が行き届いておらず、なかには患者のいいなりになってモルヒネを処方してしまう者もいたのである。

疲労の防止と恢復に！

除倦覚醒剤

製法特許

ヒロポン錠

昭和18年のヒロポンの新聞広告。戦前は覚せい剤まで薬局で買えた

また、より悪質なケースでは、巨額の利益を得るために大量のモルヒネやヘロインを処方する者や、それを**転売する業者まで存在**していた。

昭和10（1935）年頃の調査によれば、医者の治療を受けている"正式な"麻薬中毒患者だけで3000人もいたという。もちろん、実際にはその数倍、もしくは数十倍の麻薬常習者がいたということである。

昭和11年に香川県で行われた大掛かりな麻薬の一斉取締りでは、100人もの検挙者が出た。男女比は男性8割で女性2割。そのうち、9割が好奇心から麻薬に手を出した者で、疾病から中毒になったのはごく少数だった。

当時の麻薬中毒者といえば、どちらかというと「**社会のはみ出し者**」だった。

麻薬との出合い方は、男性の場合、盛り場に出入りするう

ちに麻薬患者と知り合いになったり、愚連隊に入って麻薬を覚えたというケースが多かった。女性の場合は、カフェのや酒場の仲居などをしていて麻薬に手を染めた、ということがほとんどだった。

また当時は、アヘン、モルヒネに対する知識が少なかったことから、「万病に効く」と謳われ、手を出してしまう人も少なくなかったようだ。特に日本に渡ってきた朝鮮人に、その手の中毒患者が多かった。昭和10（1935）年の麻薬に関する警視庁の報告では、1万人の朝鮮人麻薬中毒者がいたという。

また、"人間やめますか"のキャッチコピーでお馴染みの悪名高い「覚せい剤」が出回り始めたのも戦前のことだった。覚せい剤の有効成分の1つ、メタンフェタミンは19世紀末に日本人化学者の長井長義博士が麻黄から抽出した。服用すると疲労を感じることなく、長時間活動できることから、昭和16（1941）年には**疲労回復剤「ヒロポン」として発売**。覚せい剤は恐怖感が減少することから特攻隊員にも配布され、終戦後、軍が貯蔵していたものが闇市に大量に流れた。

昭和26（1951）年に覚醒剤取締法が作られ、規制されることになったが、その後は地下に潜り、暴力団の資金源になっているのは、ご存知の通りである。

え続けている社会問題だったのである。

薬物の蔓延というと、現代社会の病理のようにいわれることがある。だが、実は、**戦前から抱**

【戦前の痛快サブカルチャー】
エログロナンセンスの時代

戦前の逸話
其の **05**

昭和初期は「**エログロナンセンスの時代**」などと呼ばれることがある。

戦前というと、道徳や貞操観念に凝り固まっていた印象がある。だが、必ずしもそうでなかったのは、これまで見てきた通りである。すでに紹介した通り、当時は各地に売春宿があり、繁華街にはカフェもあった。卑わいな物や珍奇な物、残酷な物に興味を持つのは、人の常。戦前の人々も現代人と変わらず、そうしたものに興味津々だったのである。

それでは、当時の「エログロナンセンス」とはどのようなものだったのか。その主だった分野をいくつか紹介していこう。

● **戦前のエロは禁制品だった**

ある面において、現代社会以上に性に寛容だったといえる戦前だが、やはりその規制は厳しい

ものがあった。

旧刑法が施行された明治時代から、日本では「**風俗ヲ害スル冊子図画其他猥雑ノ物品**」を公然と陳列し、販売することは禁止されていた。その後、出版法という法律が作られ、猥褻図画を出版すること自体も厳しく罰せられていた。

もちろん、現代社会においても猥褻図画の取り扱いには注意を要するが、当時と比べるとその判断基準に雲泥の差がある。戦前では女性の裸はもちろんのこと、男女の営みを連想させる記述にも当局のチェックが入り、発売禁止に追い込まれた。つまり、**実践は構わないが、見るのはいけない**。それが戦前の風潮だったのだ。

とはいえ、人間の性にかける情熱は偉大である。厳しい戦前にあっても、猥褻物は秘かに製造され、たしかに流通していたのだ。

猥褻物の代表的なものといえば、女体を映したポルノ写真が挙げられるが、すでに戦前でも"庶民のポルノ"として親しまれていた。

日本におけるポルノ写真の歴史は古い。本邦で初めてポルノ写真を撮ったのは、幕末から明治にかけて活躍した上野彦馬という写真家だといわれている。写真は遊女と思しきモデルを使って、

"四十八手の秘技"

ポルノ写真は**外国人観光客用のみやげ物**にもなった。横浜で売られていた写真アルバムには、

エドワード・モースのコレクションにあった明治時代の日本人女性のヌード写真

名所旧跡の写真に混じって、日本人女性の裸の写真が入っていたという。

日露戦争では、従軍兵士の間でポルノ写真や春画を蒐集するのが流行した。戦場では、**ポルノ写真や春画が弾除けになる**と信じられていたのだ。

また、その頃の写真館では裸体をさらすことが流行していたなどという話もある。若いカップルが夜の営みさながらのポーズで写真を撮ったり、客にせがまれ芸妓や娼妓がヌードになったりした。

そのため、明治・大正期のヌード写真はまとまった数が残っているのだ。

ポルノ写真は猥褻物にあたるので、撮るのも売るのも違法である。

そのため、売れれば高値がつき、いい商売になった。大正5（1916）年の裁判記録によれば、ある写真家がポルノ写真を売った際の値段は、3

枚1組で1円50銭だった。現在の貨幣価値にすれば、**1万円弱**である。

昭和2（1927）年には、山形の県立高等女学校の生徒750人中、200人がポルノ写真のモデルになっていたという衝撃的な事件もあった。撮影者は市内の写真屋で全裸の他、聖母マリアや男装写真といった**「コスプレ写真」**まで撮っていたという。モデル料は1回につき30円（現代の価値にすると**約10万円**）だったそうだ。

それでは、こうしたエロ写真は、どのように販売されていたのであろうか。

それはたいがい、こんな感じであったという。

縁日などに出かけると、見るからに怪しげな男が、「ダンナ、いいものがありやすぜ」などといって近づいてくる。男に誘われるままついていくと、暗がりなどに連れ込まれ、懐から取り出した写真の一部を見せてくる。気に入ったら「3枚1円」などで購入するのだ。

もちろん、この手の取引につきものの、詐欺やイカサマも多かった。「裸で四十八手」といわれて買ってみると、**「相撲取りの組み手の写真」**だったという笑うに笑えない話もある。

● **アダルトビデオもあった**

テレビはもちろん、ビデオもなかった戦前のこと。ポルノといえば、もっぱら静止画の世界だったと思ってはいないだろうか。

フランス製ブルーフィルム『お茶会』（1925年）。
露骨な性描写が多く、現代から見ても過激な内容

それは誤解である。すでに戦前の日本にも、**ポルノ映画が存在した**のだ。

日本のポルノ映画史を詳細に記録した『ぶるうふぃるむ物語』（三木幹夫著・立風書店）という本がある。この本によれば、本邦に映画が入ってくるのとほぼ同時に、ポルノ映画も入ってきたという。

映画が登場して10年後の1905年、フランスの映画会社パテー社のカタログには、早くも『花嫁の初夜』『画家とヌードモデル』などが登場した。それらのうち、何本かは日本に持ち込まれ、**東京の浅草などで〝闇〟で上映されていた**らしい。

時代が下り、昭和に突入すると国産物も作られるようになった。国産初の作品は、『**新郎新婦**』という映画だとされている。その内容は、殿様が春画を見ているうちにその気になって腰元と性交するというもので、殿様役は浅草の役者、腰元は柳橋の芸者がしていたという。

その後も、カフェの女給を主人公にした『春の夢』、芸者や女給を扱った『フラワー』などが次々と制作された。変わったものでは、『白衣の愛』という映画があった。中国側のスパイが日本軍に追われ、逃げ込んだ病院で看護婦と行為

に及ぶという内容だった。また『四十八手』というそのものズバリの映画もあった。わずか10分の上映時間の中で、めまぐるしく四十八手を展開するというものだ。

また当時、すでにアニメのブルーフィルムもあった。『すゞみ船』という作品で、昭和7（1932）年の春頃に作られたものだ。上映時間は『四十八手』と同じ10分だが、原画は**東京小石川の画家が1人でコツコツ描き上げた**ものだった。

こうしたブルーフィルムは、1本300円ほどで売られていた。現在の価値にすれば、百数十万円にもなる。個人で愉しむために買う者もいたが、大抵は秘密の上映会を開くなどして、商売の種にしていたようだ。

●過激な戦前のアングラ出版

先ほども触れたが、戦前の日本では表現に様々な制約が課せられていた。

出版法によって国家による事前検閲が認められており、好ましくないと判断された書籍や雑誌は発禁になる。猥褻本はもちろんのこと、官庁の機密や皇室を冒涜（ぼうとく）するような内容も禁じられており、表現の自由は認められていなかったのだ。

しかし、そうした戦前にあっても、なお表現の自由に挑戦しようという奇人がいた。

その男の名は、**梅原北明**（うめはらほくめい）。雑誌『変態・資料』などで知られる**アングラ出版人**である。

梅原北明は、明治34（1901）年、富山県に裕福な保険代理店の息子として生まれた。幼い頃から腕白で、堅苦しい家風と両親に反発し、小学校6年生の頃にはすでにオンナとタバコを覚えていたという。

梅原北明（『えろちか』昭和48年1月号）

中学校を卒業後、上京した北明は医院の書生となるが、高価な薬を持ち出し売り払っては、吉原通いをしていた。しかし、やがてそれが発覚。医院を放逐された後は、郵便局員となるも長続きせず、親に泣きついて早稲田の予科にもぐりこんだ。

大学に入学した北明は翻訳のアルバイトをはじめた。この仕事が向いていたらしく、それ以降、アングラ出版の世界にどっぷりつかっていくことになる。

北明はその後、イタリアの作家ボッカチオの『**デカメロン**』の翻訳を手がける。当時、『デカメロン』はすでに2度翻訳されていたが、最初の本は発禁になり、2度目は伏字だらけだった。ところが、北明の訳書は非常に伏字が少なかったため、営業的に大成功を収めた。なぜ、北明の翻訳だけが当局の目をごまかせたのかというと、本の序文に

次のような文章を載せていたからだった。

本書はイタリア大使館の手を経て、イタリア皇帝陛下、両皇太子殿下、及び皇太后陛下の玉前に献上し、ムッソリニ首相、同文部大臣に、またコルッチ博士や下位春吉氏のあっせんによりて文豪ダヌンチオ氏に呈するの光栄を得たことは、日伊親善のために読者諸兄とともに慶賀に堪えない次第であります。

西洋の権威に脆い、という当局の弱みを見透かしたような序文である。

伏字の少ない『デカメロン』は売れに売れ、小金が貯まった北明は『文藝市場』という雑誌を創刊する。

連載陣に今東光や村山知義といった流行作家を揃えたが、雑誌は失敗。損失の穴埋めのために、**変態二二史**シリーズというエログロ単行本を出版した。これが当たり、再起を果たす。

そして、その勢いのまま発刊したのが、会員制の雑誌 **変態・資料** だった。

『変態資料』は、かなり過激でスタイリッシュな雑誌だった。ためしにその創刊号をめくってみると、冒頭は着物を半分はだけた女性のSM風の浮世絵があり、次にくるのが第一次大戦でドイツ軍が捕虜を処刑する写真。「ドイツ軍がいかに殺戮を恣にしたのか物語るもの」などと、とっ

『変態・資料』の創刊号

てつけたような文句が並べてあるが、残酷な写真を見世物のように使っているのは紛れもない。

そのやりたい放題ぶりは、目次を見ても明らかである。

「古代東洋性慾教科書研究」……セックスの教科書というコンセプトで、古代インドのたとえ話などを持ち出して語ったもの。

「変態小話」……妻を叱ってばかりの友人が、珍しく静かにしていると思ったら、裏で妻の首を絞めていたなどという、SMもどきの小話。

「日本狂乱史」……歴史物を想像するが、愚にもつかない言葉遊びのエッセイ。

「近来猥事考」……流行映画や人気俳優などをモチーフにした猥談。

川柳のコーナーもあり、「孕（はら）んだと聞き一人逃げ二人逃げ」「湯上りの味は古語にも褒めてあり」などオチャラケた下ネタ風の川柳が並んでいる。

また、編集部主催の「珍妙変態行楽」という催しのお知らせもあり、プログラムは猥漫談、怪奇一席話、影絵、幻燈（写し絵）、珍映画。会費は10円とある。巻末では、「タネ切れになっても困るから有志の方はどしどし寄稿してもらいたい。

伝説的な雑誌『グロテスク』

本誌の愛読者なら諸氏もただの鼠じゃあるまい」と原稿募集をしている。

エロあり、グロあり、ナンセンスありの同雑誌は当然、発禁処分を受けることになったが評判を呼んだ。会員は3000人を数え、中には大学教授や高級軍人、高級官吏もいたという。

アングラ出版に味をしめた北明は、その後も淫画集やエロ小説の翻訳本を次々と出版。昭和2（1927）年に出版法違反で前科一犯となるも、その熱意は衰えず、当局の手の届かない上海で伏字なしのエロ雑誌『カーマシャストラ』を刊行し、1年後にはグロ色を強めた『グロテスク』を創刊。内容もかなりキワどく、「月経止血早見表」や「阿片考」、「人喰娘」といった記事が並ぶ。

また、「梅原北明罰金刑祝賀会」の写真を載せるなど、相変わらずのやりたい放題であった。

こうして戦前の日本で「エログロナンセンス」の普及に努めた北明だったが、当局の厳しい追及に嫌気がさしたのか、昭和8（1933）年以降はアングラ出版から手を引き、女学校の英語教師などをして過ごした。そして終戦の翌年に発疹チフスで死去している。

北明の手がけた雑誌は、現代でも人気があり、古書店などで高額で売られている。現代のサブ

戦前のナンセンスを代表した昭和の喜劇王・榎本健一（右下）とカジノ・フォーリー

カルチャーにも通じる北明の仕事とその姿勢は今後も語り継がれていくことだろう。

●日本の喜劇王エノケンとカジノ・フォーリー

「エログロナンセンスの時代」には、シンボルがいた。昭和の喜劇王 "**エノケン**" こと**榎本健一**と劇団**カジノ・フォーリー**である。

カジノ・フォーリーが活動を始めたのは昭和4（1929）年7月、場所は浅草水族館の余興演芸場だった。同劇団の売りはラインダンスを取り入れた**レヴュー**（音楽やコント、ダンスなどで構成された舞台芸術）で、露出度の高い踊り子の衣装と、卑わいさを強調したダンスで多くの観客を集めた。入場料は40銭、現在の貨幣価値に換算すると1000円ちょっとといっう金額だったが、それでも当初は興行的になか

なか振るわなかった。しかし、東京朝日新聞ではじまった川端康成の新聞小説『浅草紅団』で同

劇団が取り上げられると、その人気が爆発する。「金曜日に踊り子がズロース（下着）を落とす」

などという噂も広まり、カジノ・フォーリーは連日大入りの大盛況だった。

カジノ・フォーリーでは、コメディーとレヴューを組み合わせた出し物を演じており、客は

エロとナンセンスの両方を愉しむことができた。その喜劇部門のスターが、エノケンだったのだ。

エノケンこと榎本健一は、明治37（1904）年生まれの喜劇役者。大正時代から浅草オペラ

で活躍し、関東大震災後の昭和4年にカジノ・フォーリーに参加する。

抜群の運動神経を生かした激しい動きが持ち味で、チャップリンやキートンを思わせるドタバ

タ喜劇と、ウィットの効いた都会的なギャグでたちまち浅草の人気者になった。

昭和9（1934）年には、『エノケンの青春酔虎伝』で銀幕デビューを飾り、全国的なスター

となる。その後、『エノケンの鞍馬天狗』『エノケンの森の石松』など〝エノケン・シリーズ〟も

のが次々と作られ、ヒットを連発。**日本の喜劇王**と称され、最盛期には日本各地で「**エノケン一**

座」や「**土ノケン**」などの偽者が出回るほどの人気を集めた。

浅草発のエロと喜劇の組み合わせは、戦後も浅草のストリップ小屋などに引き継がれた。そし

て、それらのストリップ小屋では、渥美清やコント55号、ビートたけしといったスターが日々芸

を磨いていた。

戦前のナンセンス劇は、**戦後のお笑い文化の生みの親**だったといえるのである。

【若者は今も昔もやんちゃだった?】

戦前の不良少年少女たち

● 戦前の荒れる若者たち

戦前の少年少女たちはみな素朴で健全、働き者だったと思う人も多いかもしれない。

しかし、若者がエネルギーをもてあまし、無茶をしては社会に迷惑をかける、というのはいつの時代も同じらしい。

戦前にも、いわゆる**不良少年少女がいた**のである。

昭和5（1930）年9月発行の雑誌『エロ』創刊号には、和田信義（1892～1943）というジャーナリストが書いた「不良青少年少女の実相」という記事がある。

その記事によれば、戦前の不良少年少女の実態とは次のようなものだった。

当時の不良少年少女たちも、現代の若者と同じように、グループを作って特定の場所にたむろしていた。

彼らの集まるところは、ミルクホール（牛乳やパンを出す店。カフェが普及するまで大流行した）、喫茶店、しるこ屋、おでん屋、神社仏閣、公園、練兵場、空家など。また都心部では、三越や松坂屋、松屋といったデパートの休憩所や駅の待合室などに集まった。

彼らが多く出没した地域は、都内だと浅草公園、銀座、新宿、大塚、巣鴨、神田、本郷など。大阪では道頓堀や千日前、天王寺、中島公園、楽天地などだという。今なら渋谷や原宿が上位にくるところだが、戦前の若者にとっては浅草公園がもっともナウいスポットだったようだ。

そうして集まった不良グループは、**ピラミッド型の構造**をしていた。

一番上にはリーダーがおり、その下には中堅幹部のアニイがいて、さらにその下にはヒラの構成員がいた。年齢層はリーダー格が25、6歳、アニイ格が20歳前後、子分格は14歳から22、3歳というところ。これも現代の不良グループとそう変わらない年齢構成だろう。

● 「夜嵐お節」こと、中川きよ子

彼らは自分たちのグループに名称をつけることが多かった。

その名称がかなりユニークで、「○○**義団**」や「○○**組**」、「○○**倶楽部**」などを好んで名乗った。

実在した有名グループには、「血桜義団」や「紅団」、「紫組」、「骸骨団」などがあり、なかには「ブランコ組」、「スミレ倶楽部」といった怖いのか、かわいらしいのか、よくわからないようなグルー

戦前の高等学校で定番のストーム（バカ騒ぎ）の様子。若者には勢いがあった

プまであった。

これらの集団には、普通10名から20名程度のメンバーがいる。なかには、各都市に支部を持っている大きな団体もあり、警察によって解散させられたこともあった。たとえば明治31（1898）年には、「東桜倶楽部」という**300名を超えるグループ**が司直の手で解散に追い込まれた。繁華街で散々悪事を働いたため、警察に目を付けられたのである。

その後は、警察の警戒も厳しくなったため、東桜倶楽部ほど大きな集団は現れなかった。不良グループが誕生すれば、すぐさま警察が動くので、大部分の団体はもって数年だったといわれている。

彼らは、組織の中では、自分の本名を使わず、通り名を名乗るのが普通だった。

「血達磨の〇」、「血桜の〇」、「紅の〇」など**オドロオドロしい通り名**を好み、不良少女のなかには「千桜のお花」、「血桜のお花」、「下駄屋のお金」などの異名をとる者がいた。

こうした異名からもわかるように、彼らは任侠の世界に憧れがあったらしく、刺青もよくしていた。といっても本職のように背中一面というわけにはいかず、せいぜい二の腕や手首、足首などに団体名や恋人のイニシャル、「御意見無用」「妙法蓮華経」「日本一」などの言葉を彫った。

少女も刺青を彫り、「一心」や「命」、「なむあみだぶつ」などと刺青する者もいた。その他では、眉毛や陰部に墨を入れる者もいて、「骸骨」や「蛇」、「生首」などは男女を通じて人気の図柄だった。

彼らは盛り場でたむろして酒を飲み、通行人に絡んで金やタバコを恐喝した。小カモと呼ばれる学生を相手にした場合は、教科書の入ったカバンを取り上げ、金を持ってこさせるなどの悪さもしていた。

これが少女団になると、悪さも違ってくる。昭和12（1937）年5月の国民新聞には、「少女群『夜嵐団』捕まる」という見出しで次のような記事が載っている。

女だてらに刺青や男装を誇り相棒の男を使って市中の盛り場に出没して詐欺、窃盗、お目見得、恐喝等々邪道を踏んでいた不良少年少女の一群が一網にされた。

名を「夜嵐団」と称し団長は「夜嵐お節」こと中川きよ子（19）、副団長「隼お静」こと白山静江（20）、参謀格は「夜嵐の銀太」こと笹原清（26）、輩下に「朧月夜の蔦」こと大橋つる（18）、「文学お柳」こと小山柳子（19）、「スピードの金太」こと館山常子（20）、「スケトンの譲次」こと佐々木正雄（24）、「白鷺の彌太郎」こと河合保（24）等々。＝いずれも仮名。昨年春「夜嵐団」を結成、美人型の「夜嵐お節」を某デパートの売子に仕立て、丸ノ内某採炭会社重役にお妾さんを世話すると渋谷キネマで見合させ250円を詐取、大学生や文化学院学生に色仕掛けで近づき洋服代や小遣銭をせしめ、カフェー、喫茶店で知合った客でもあればどし家へ押しかけ空巣、お目見得、美人局、稼ぎ高は団員一同の遊興に費っていた。

「お目見得」は、商店や飲食店などの求人に応募し、採用されると店の金品を持ち出して逃げること。「美人局」は男性を誘惑し、その気にさせたところで仲間の男に脅させて金品を奪うことをいう。女だてらに、なかなかの暴れっぷりである。こうしたグループはおそらく、多々あったに違いない。

しかし、これらの不良少年少女たちは、戦争の激化にともない、いったん姿を消した。そして、終戦とともに再び姿を現した。その後、いくらか形を変えながらも、青い反抗は現代まで脈々と引き継がれているのである。

【革命で祖国を追われたロシア人たち】

白系ロシア人と戦前の日本

**戦前の逸話
其の07**

● ロシアからきた白い肌の移民

日本は歴史上、亡命者や難民をほとんど受け入れてこなかった国として知られている。

しかし、戦前のある一時期だけ、一度にまとまった数の亡命者を受け入れたことがある。

その亡命者とは、「**白系ロシア人**」と呼ばれたロシア人亡命者たちである。

1917年、ロシアでは革命（赤い革命）の嵐が吹き荒れていた。ロマノフ朝の統治に不満を覚えた市民が爆発、指導者レーニンを中心とする赤軍と革命を阻止せんとする白軍との間で内戦が勃発した。戦いは当初、イギリスやフランスなどから援助を受けた白軍が優勢に進めたが、赤軍に怒涛の勢いで巻き返され、敗色濃厚となる。命の危険を感じた**白軍派の200万の人々は、安住の地を求めて国外に亡命**することになった。

白系ロシア人の主な亡命先は欧州の近隣諸国が多かったが、**日本にも約1600人が亡命**した。

ロシア内戦後に国を追われた白系ロシア人。その一部が日本に亡命していた

これは正式な登録を受けた数字なので、未登録の者も含めると数千人規模まで膨れ上がると考えられている。

日本にやってきた白系ロシア人たちは、釧路や旭川、函館、東京、横浜、神戸、長崎などに分散し、各地で生活を送った。日本の地を踏んだ彼らのなかには、一度落ち着いた後に、別の国に向かう者もいた。だが、なかには日本にうまく同化し、**日本文化に様々な影響をもたらした者もいた。**

● 白系ロシア人の功績

それでは、白系ロシア人たちは日本にどのような影響を与えたのだろうか。

たとえば、彼らが**日本人の洋装化をうながした**という説がある。

白系ロシア人たちは、日本にきた後、ラシャ（羊毛などで織った毛織物の一種）の行商業に従事すること

が多かった。その行商が日本人の間に洋服を広めるひとつの要因になったというのである。

また、彼らが食文化に寄与したところも大きい。白系ロシア人が主食としていたパンは、**ロシ
アパンとして紹介**され、まだパン食が浸透していなかった当時、驚きをもって迎えられた。その
他では、ボルシチやピロシキなどのロシア料理も紹介。高級チョコレートで有名な神戸の「**モロ
ゾフ**」や「**コスモポリタン製菓**」、「**ゴンチャロフ製菓**」の創業者も、白系ロシア人である。

また音楽や文学など、芸術の分野でもその影響は少なくない。クラシック音楽やバレエといっ
た西洋芸術はもちろんのこと、ロシア語の教育などで名を成した白系ロシア人も多い。

このように新しい文化の紹介者として、各方面で活躍した白系ロシア人だったが、スポーツの
分野でも鮮烈な印象を残している。

その代表的な人物が、プロ野球選手、**ヴィクトル・スタルヒン**である。

●日本の野球史に名を残す「伝説の大投手」

日本プロ野球黎明期のスター、ヴィクトル・スタルヒンは1916年に、ウラル山脈のふもと
ペルミというところで生まれた。スタルヒン家は、**元ロシア貴族**だった。

赤軍の標的になることを恐れたスタルヒン一家は、ロシアを脱し、中国のハルビンに向かった。

当時、ハルビンは白系ロシア人の拠点のひとつになっており、同地には15万人を超えるロシア人

がいた。スタルヒン一家もそこから安住できる国に移動するつもりだったが、足止めを食ってしまう。当時、まだ日本は白系ロシア人の受け入れを表明しておらず、一家は行くあてがなかったのである。

その後、日本政府はようやく白系ロシア人の受け入れを開始するが、条件は厳しく**亡命者1人当たり1500円（現在の価値で500万円）以上の所持金があること**が条件だった。一家は、家族3人分4500円を工面するため、持ってきた宝石類を売り払った。入国を認められた一家は、北海道の旭川に落ち着き、そこで行商を始めた。商売は軌道に乗り、数年後にはミルクホールを経営するまでになっていた。

伝説の大投手ヴィクトル・スタルヒン

スタルヒンも旭川の生活になじみ、野球をはじめ、持ち前の剛速球でたちまち注目の選手となった。旭川中学時代には1年生のときから投手として活躍。全国中等学校優勝野球大会（全国高等学校野球選手権大会の前身）の北海道予選で、2年連続決勝まで駒を進めている。

そして迎えた3年目、地元の期待を一身に背負い、全国中等学校優勝野球大会への出場を夢見て

昭和11年2月、アメリカ遠征を控えた巨人軍の選手たち（左奥がスタルヒン）

いたスタルヒンだったが、思わぬ転機が訪れる。

来日した大リーグ選抜チームと対戦するために結成された全日本選抜チームに選ばれ、その後、同チームを母体に設立された**大日本東京野球倶楽部（現・読売ジャイアンツ）**に引き抜かれたのである。

スタルヒン自身は旭川中学校に残ることを希望していたというが、実父が殺人事件を起こしたことに伴う経済的な窮乏と、球団の強引な説得もあってやむなくプロ入りを決断した。地元では、スタルヒンは**裏切り者よばわりされ、夜逃げ同然で東京に向かった**という。当時、全国中等学校優勝野球大会とはそれほど大きなものだったのだ。

スタルヒンは、プロ入り3年目から頭角を現し、昭和12（1937）年には28勝、昭和13年には33勝、昭和14年には68試合に登板し、当時、**日本記録の42勝**（15敗、現在はタイ記録）をマークした。

この年の巨人軍の勝ち星は66勝だったので、**ひとりでチームの勝ち星の3分の2を上げたこと**になる。190センチ近い長身から投げ下ろすストレートは160キロ近い速度があったともいわれており、低めのコントロールに抜群のものがあったという。

だが、そんなスタルヒンには常に日本人ではない、という暗い影がつきまとっていた。亡命者であるスタルヒンには、国籍がない。そのため、遠征に行くたびに警察官などから取り調べを受けた。また、街中などで理由なく憲兵にカラまれることもあったという。

昭和15（1940）年には、前年に起きたソ連との国境紛争、ノモンハン事件の影響で、スタルヒンは強制的に**「須田博」**という日本名を名乗らされた。また、太平洋戦争が激化した昭和19年には、**巨人軍から追放**され、敵性人種として軽井沢で幽閉同然の暮らしを送ることになった。

戦後になってプロ野球が再開されると、スタルヒンは巨人軍からの誘いを断り、かつて巨人軍でスタルヒンを指導した藤本監督が率いるパシフィックに入団した。その後は、大映スターズ、高橋ユニオンズに移籍し、昭和30（1955）年に通算300勝を達成。その年限りで引退した。

通算成績は303勝176敗、防御率は2・09だった。

引退後は、ラジオの司会業や俳優などをしていたが、昭和32年に不慮の交通事故によって40歳で息を引き取った。スタルヒンは現在でも旭川を代表する英雄であり、その功績を讃え、昭和59（1984）年に建てられた旭川市営球場には、**「スタルヒン球場」**という愛称がつけられている。

【帝都に浮かぶ銀色の巨船】

飛行船ツェッペリン号の来訪

戦前の逸話
其の
08

●帝都上空に浮かぶ謎の飛行物体

昭和4（1929）年8月19日。帝都東京の上空に、にび色に輝く葉巻型の物体が飛来した。ドイツの誇る最新鋭飛行船「**ツェッペリン号**」が、世界一周飛行の途中で立ち寄ったのである。

ツェッペリン号の来訪は、当時の親ドイツ的な感情も相まって、空前の盛り上がりをみせた。

本書のカバー写真は、ツェッペリン来訪の決定的瞬間をとらえたものである。場所は、東京銀座のデパート、松屋の屋上。人々の熱狂ぶりが伝わってくるような写真である。

翌日の東京朝日新聞では、ツェッペリン号来訪を「**けふ全市を挙げてツェッペリン・デーと化す！**」と題して次のように書き立てた。

空の巨船ツェ伯号が銀光を輝かしつつほこらかに帝都の上空にその雄姿を現す日──一九日

浅草の上空をゆく飛行船ツェッペリン号

は朝から緊張した明るい空気が帝都にみなぎる、巨船来るの号外が引切りなしに街頭に飛ぶ。

午後一時、二時、三時を過ぎる頃からどんよりと曇った空も晴れて陽の光がおどる、ビルディングの各所の屋上高くには各所に日の丸と三色條旗の日独国旗が微風にはためいている。

ウィルコンメン！

歓迎の叫びをあげるかのように日独親善の気は全市にあふれている。

街上のショウウィンドウは航程万里を一気に飛んだツ伯号のコースの地図と模型、どこを向いてもツェッペリン万歳だ。

なんとも熱のこもった記事である。また、同じ紙面では為替市場でも「ツェッペリン号の飛来にお祭り気分みなぎりあきないはほとんどな

かった」と報じている。ツェッペリン号はその後、霞ヶ浦海軍飛行隊の試験場に着陸した。同地には、飛行船を間近で見ようと10万の観衆がつめかけ、乗員乗客60名を熱烈に歓迎した。

●ドイツの誇る最新鋭飛行船

ツェッペリン号は**全長が236・6メートル、気球の容積は10万5000立方メートル**という巨大な飛行船だった。気球の外皮は麻布でできており、太陽熱で内部の水素が膨張しないように、アルミを混ぜた銀色の塗装が施されていた。その大きさは、現代の空の足であるジャンボジェット機と比べると、3倍以上である。それほど巨大な物体が東京の上空にぽっかり浮かんでいたのだから、当時の人々の驚きようは大変なものだったはずだ。

その巨大な風船の下には、長さ30メートル、幅6メートルのゴンドラがつけられていた。内部には2段ベッドを備え付けた10の客室があり、1室につき2名、計20名の乗客を収容することができた。その他、ラウンジ兼ダイニングルームもあり、トイレも4箇所あった。調理室では一流シェフが腕を振るい、乗客はワインと豪華料理でもてなされた。

ツェッペリン号は、液化石油ガス（LPガス）を燃料とする5機のエンジンを搭載し、プロペラで推進力を得て、**平均時速110キロで航行**した。100キロちょっとというと、随分ノンビリしたイメージを持つかもしれないが、これでも当時は**抜群の速さを持つ乗り物**だった。

お披露目されたツェッペリン号（右）。観衆と比べるとその大きさがよくわかる

当時の代表的な移動手段である鉄道と比べると、その速さは一目瞭然である。

当時も、すでに100キロ近い速度を出せる鉄道があった。しかし、鉄道は山あり谷ありカーブありで、速度を落として、回り道をしなければならない。その点、飛行船なら直線距離で飛行できる。ツェッペリン号がベルリン〜東京間で要した時間は、100時間。当時、もっとも速いルートだったシベリア鉄道でも、同じ行程で2週間もかかった。

●しぼみゆく飛行船

ツェッペリン号は、昭和4（1929）年8月8日、アメリカを出発しシベリア、日本を経由して太平洋を渡り、再びアメリカに戻ってきた。飛行時間は延べ300時間20分、航行距離

59

3万4200キロの世界一周を成し遂げたのだ。この世界一周飛行の切符は2500ドルだった。

当時の日本円に換算するとおよそ5000円。これは**家1軒が優に建てられるほどの大金**である。

この世界・周旅行には、**ドイツの飛行船を売り込む**という目的があった。

圧倒的な速さを持つ飛行船だったが、世界的にみればまったく普及していなかった。そのため各地を回って、飛行船の航行能力と安全性をアピールしようとしたのである。

世界一周旅行の与えたインパクトは大きく、飛行船の注目度は一気に上昇した。ドイツ〜ブラジル、ドイツ〜アメリカ東海岸を結ぶルートも相次いで開設。売り込みを受けた日本でも、**飛行船購入計画が浮上**し、アメリカ航路を開拓しようとする動きも出てきた。

ところが昭和12（1937）年5月、飛行船の未来を閉ざす大事故が起きる。アメリカ・ニュージャージーのレイクハースト海軍飛行場上空で、着陸態勢に入っていた**飛行船ヒンデンブルグ号が突如爆発**。機体は炎上し、乗客乗員97名中35名と地上作業員1名が犠牲になったのだ。

この大事故によって、飛行船は安全性に対する信頼を一気に失った。日本の飛行船購入計画も見送られ、**飛行船は衰退していった**のである。

戦前の日本に現れ、強烈なインパクトを残した飛行船だったが、その後に登場したジャンボジェット機によって、歴史の隅に追いやられていった。大空の覇者の座を追われた飛行船は、いまでも歴史の狭間にぽっかりとその身を浮かべているのである。

【第二章】本当は凄い！戦前の日本

【日本は戦前から経済大国だった!?】

戦前にあった驚異の経済成長

戦前の逸話
其の **09**

●日本人は資本主義の申し子

「戦後の日本は奇跡的な経済成長を成し遂げた」

とよくいわれる。

しかし、この台詞は戦前の経済成長をまったく念頭に置いていないものだといえる。今まであまり語られることはなかったが、戦前の日本は、**戦後に匹敵するような高度経済成長**を成し遂げているのである。

戦前の経済が語られる時、「帝国主義、軍国主義によって、次々に戦争を起こし植民地を獲得し国力を増強していった」などということがいわれる。

だが、よく考えてみてほしい。帝国主義を掲げたところで、おいそれと戦争に勝てるわけではないし、急に国力が増強されるものでもない。**戦争に勝つには資金がいる**のである。つまり、日

明治11（1878）年には早くも東京株式取引所が開設

清戦争や日露戦争などで勝利を挙げた日本は、**勝つに相応しい経済力や社会システムを持っていた**ということなのだ。

戦前の日本経済の成長は、明治以降ほぼ一貫したものである。

1908〜17年…3・09％

1918〜27年…1・50％

1923〜32年…2・35％

これらの数値は、当時の国際基準から見ればかなりの高さだった。

明治維新から第二次大戦前までの70年間で、**日本の実質GNPは約6倍に増加している。**実質賃金は約3倍、実質鉱工業生産は約30倍、実質農業生産は約3倍になっている。

こうした成長の背景には、日本のしたたかさがある。ペリーの来航で、日本は無理やり開国させられ、資本主義世界の荒波に放り出された。しかし、日本は持ち前の器用さで資本主義になじむと、むしろ欧米諸国よりもそのシステムをうまく使うようになったのだ。

明治11（1878）年には、すでに**東京株式取引所、大阪株式取引所が相次いで開設**されている。明治20年代になると、会社の株式の売買は急激に増加した。明治22（1889）年には、取引所開設当初の200倍近くにあたる**年間370万株の取引**があった。

明治の中頃に株式会社の制度が導入されると、会社の数は急激に増加。**同時期の西欧諸国よりも多くの会社が作られた**。明治15年の東京株式取引所の上場企業はわずか9社に過ぎなかったが、20年には34社、30年には117社まで数を伸ばしている。

もともと日本人は、商取引や金融業に適性のある民族である。

たとえば、先物市場を世界で最初にはじめたのは、日本人だった。江戸時代、米の相場は変動が激しかったので、1730年頃、米商人たちが価格変動リスクを回避するために、年に3度、米の先物取引をはじめた。これが、**世界で最初の先物取引**といわれている。その象徴ともいえるのが、南満州鉄道株の熱狂的な人気である。

日露戦争の勝利で、南満州鉄道の敷設権を得た日本は、それをもとに**「南満州鉄道株式会社」**

半官半民の国策会社、南満州鉄道株式会社の本社

（満鉄）を作った。資本金は2万円で、そのうち半分を政府が出資する**半官半民の国策会社**だった。

明治39年、第1回の株式募集で10万株が売りに出されると、応募者が殺到し、**募集株数の1077倍の応募**があった。帝国ホテルを作った大倉喜八郎のように、1人で募集株式の全額分を申し込むような者までいたほどだった。

その後、第一次大戦では、軍事関連企業の株が高騰し、「**株成金**」まで登場。海運業で儲けた「船成金」、製鉄で儲けた「鉄成金」も台頭したため、第一次大戦後の好景気は「成金」がキーワードとして語られることになった。

●恐慌を乗り切り、超高度経済成長へ

こうした資本主義への素早い適応を背景に、日本は世界大恐慌の混乱にもうまく立ち向かうこと

65

ができた。

昭和4（1929）年に、アメリカのウォール街で始まった世界大恐慌は、世界を不景気のドツボに叩き込んだ。欧米諸国が先のみえない不況の暗闇にあえぐ中、日本は4年後の昭和8年には早くも回復基調に入り、翌年には、世界大恐慌以前の経済水準に戻っている。これは当時の先進国にくらべ、**約5年も早い経済回復**だった。

その後も、日本経済は爆進を続けた。昭和15年には、鉱工業指数は世界恐慌前の2倍、国民所得は140億円から320億円と2・3倍になったのだ。まさに**超高度経済成長期**である。

なぜ日本だけがこの時期、急激な経済回復、経済成長をすることができたのか？

その最大の理由は、当時の大蔵大臣である**高橋是清**のもと、統一されたビジョンで経済政策を行えたからだ。日本政府は、数ある産業のなかでも特に軍事関連、重工業の分野に大規模な財政出動を行い、景気を刺激して経済を活性化させた。これは当時、流行していた経済学者ケインズの理論を実践したもので、**アメリカのニューディール政策よりも早かった**のだ。

このように戦前の日本経済は、世界的にみても優れたものを持っていたのである。

日本は戦後、急に成長したわけではなく、**明治維新以来ずっとハイペースで経済成長を続け、戦争中に一時中断しただけ**、というのが、正確な見方だといえるのだ。

【紡績業や軽工業で世界を席巻】

戦前の日本は貿易大国だった

戦前の逸話
其の
10

● 世界の覇者イギリスを駆逐する

明治時代には早くも株式投資ブームが起こるなど、経済が活発化していた日本。その動きは国内にとどまらず、実は**海外との貿易においても大きな存在感を発揮**していた。

それでは当時の日本はどういった産業で世界を相手にしていたのだろうか。

戦後の日本の得意産業といえば、自動車工業や船舶産業、電化製品などすぐに幾つも思い浮かべることができる。しかし、戦前の日本の輸出品については、学校でもあまり習った記憶がない。

戦前は戦争に勝つこと、植民地を増やすことで国力を蓄えていった、というイメージを持っている人も多いのではないだろうか。

しかし、それだけでは国力を増強することができないのは、すでに述べた通りである。

実は、戦前の日本は、**すでに世界有数の貿易大国**だったのである。

そして、その代表的な産業は、**紡績業**だった。

綿製品というと、**イギリスが有名**である。かの産業革命も、綿工業において最初に行われたものであり、高品質で低価格の綿製品を作ったことでイギリスは世界の覇者になったのだ。

幕末に開国して、まず最初に日本の輸出産品になったのは、絹の原料である生糸や食料品だった。そのうち日本の産業界は原料を売るよりも工業品を売った方が、儲けが大きくなることに気づき、次第に軽工業品、綿製品などにシフトしていったのである。

第一次大戦中、産業が停滞した欧州諸国に代わって、日本の工業は大躍進したが、その際に中心になったのが紡績業だった。

日本は、イギリスに比べて紡績業で有利な面を持っていた。

イギリスは産業革命で紡績業の機械化に成功していたが、工場や機械はすでに老朽化していた。長く世界の紡績業の頂点に君臨していたため、新技術の導入に消極的だったのだ。

しかし、日本はイギリスより100年遅れで産業革命を体験したことで、最新技術をそのまま取り入れることになった。また、中小の業者が入り乱れていたイギリスに比べ、日本では財界人たちが協力して、**大規模な工場を作ったのも勝因**だった。

たとえば、日本の紡績会社の先駆となった大阪紡績は、**渋沢栄一**らの呼びかけで作られたものだった。

大阪紡績は、株式によって莫大な資金を集め、世界でも最大級の紡績機を導入した大規

大正時代中期の東洋紡績の大阪にある三軒家工場。すさまじい数の紡績機が並んでいる

模な工場を建設した。また、使われ始めて間も
ない電力を大々的に導入し、24時間操業も行っ
たのだ。

　大阪紡績は大成功を収め、それに倣って次々
と同様の企業が作られていった。紡績業は、日
本における重要な産業となったのである。

　それに加えて、人件費の安さもものをいっ
た。イギリスは日本に比べて、人件費が割高
だったため、価格の面でイギリス製品は日本製
品に歯が立たなかった。

　日本は国内での生産のほか、中国の上海や青
島にも最新鋭の紡績工場を建設し、イギリス製
品を中国市場から次第に駆逐していった。

　昭和3（1928）年頃、日本の綿製品の輸
出量はイギリス製品と比べると37％程度だっ
た。それが昭和7年には92％と肉薄、4年後に

日英の綿製品の輸出状況		
	イギリス	日本
昭和7年 (1932年)	**2197** (インド599、中国125)	2032 (インド645、中国210)
昭和11年 (1936年)	1917 (インド416、中国8)	**2708** (インド482、中国119)

※単位は100万ポンド。カッコ内はインド、中国への輸出額を表している

は完全に追い抜いている（上表参照）。

だが、この日本製品の躍進は、経済摩擦を生むことになる。

日本製品の攻勢に屋台骨を揺るがされたイギリスは、世界大恐慌という悪材料も加わって、輸入制限など、閉鎖的な経済体制に傾いていった。

東洋経済新報の昭和8年10月14日号には、イギリスの圧力に対して「我が国は焦慮無用」と題した次のような記事が載った。

此の頃の英国乃英領諸国の我国に対する態度は全く成つていない。所謂貧すれば鈍するで、気の毒にも英国人は近年不景気で少々逆上していると評すより外はない。が、さうだとすれば我国としては、英国人の此の逆上を真面目に取つて、今にも日本の経済が四方八方から圧迫され、押しつぶされでもするかの如く驚く事はない。強者は日本で弱者は先方だ。

この経済摩擦は、結局解消されなかった。イギリスが日本の綿製品のインドへの輸出を制限すると、日本はインドの綿花輸入をストップする

戦前の日本の主力工業輸出品だった自転車

など、**貿易戦争のような状態**になっていった。そして、インド市場から締め出された日本は、**そのはけ口を満州に求めていく。**これが第二次大戦の要因のひとつにもなるのだ。

●**自転車、おもちゃ、鉄…世界貿易をかき回す**

綿製品の他、戦前の重要な輸出産品に、**自転車**がある。自転車は綿製品と同様に、イギリスの主力商品だったのだが、これも日本がお株を奪ってしまったのだ。

日本の自転車産業は、昭和12（1937）年に、**機械系輸出品目のトップ**に立った。

日本は、自転車を1台25円前後で輸出していた。この価格は、**イギリス製自転車の半値程度の金額**だった。そのため、世界の市場では日本製自転車に人気が集まり、またたくまにシェアを獲得

していった。この動きにイギリスは黙っておらず、英領に輸出される日本製自転車に関税をかけるなどして対抗したが、**日本の低価格攻勢はそれを楽々クリアした**のである。

自転車は、明治維新前後に輸入されたとみられているが、誰が最初に持ち込んだのか、その詳細はわかっていない。当時はかなり珍しい乗り物で、日清戦争の頃などは自転車が通りかかっただけで、多くの野次馬が集まってきたほどだったらしい。

そうした自転車が盛んに作られるようになったのは、やはり明治維新の影響だった。

江戸時代、各藩にはお抱えの**鉄砲鍛冶**がいたが、維新後に西洋の新しい技術がもたらされると、その大部分が失業してしまった。そこで、職にあぶれた鉄砲鍛冶らが目を付けたのが、同じく鉄でできた自転車だったのだ。

自転車の製造は、フレーム部など鉄砲と共通する技術が多かった。そのため、鉄砲鍛冶は自転車が普及しはじめると、まず修理業をはじめ、そのうち自ら自転車を製造するようになったのである。自転車の生産台数は、大正12（1923）年には7万台だったのが、昭和3（1928）年には12万台、昭和8年には66万台になり、昭和11年にはついに100万台を突破した。それ以降、戦争が激化するまで100万台前後の生産数を誇った、**日本の主力商品**だった。

その他にも、有力な工業輸出品があった。代表的なものが、**玩具**である。

玩具の輸出は幕末期、横浜を訪れた欧州の商人が、縁日などで民芸品や小物を買い集めて輸出

戦前の八幡製鉄所（昭和11年）。製鉄も戦前の日本の重要な輸出品だった

したことからはじまった。当時、輸出されていたのは、絵を張り込んだ日傘や千代紙、竹とんぼ、木船、凧、天狗のお面といったものだった。だが、その後、日本で玩具の輸出が推奨されるようになると、玩具業者も本腰を入れて商品を作り始めるようになる。

舶来品の玩具を研究し、セルロイドや金属を使ったおもちゃや電気仕掛けの模型、ゴムまり、人形などを製造。また時代を反映してか、おもちゃの鉄砲や戦艦の模型なども売り出し、**第一次大戦期に日本の玩具業界は大躍進を遂げた。**

アメリカはこうした動きを警戒して輸入制限の措置をとったが、その影響を感じさせないほど勢いがあった。玩具の輸出は、世界大恐慌の頃に一時期不調に陥ったものの、昭和に入って持ち直し、昭和8年には輸出額が**2600万円**に膨れ上がっていた。

また、**製鉄**も日本にとって貴重な輸出品になろう

としていた。

製鉄は、**国家の工業力のバロメーター**ともいわれており、日本も日清戦争で得た賠償金で八幡製鉄所を建設するなど、その発展に力を注いできた。

その甲斐があって、昭和初期にはほぼ自給できるまでになっており、しだいに海外に向けて輸出するようになっていったのだ。

昭和7（1932）年には、**オランダのグロニンゲン市の水道管に使う鉄**を日本が引き受け、世界を驚かせたことがあった。ドイツなどのヨーロッパの製鉄大国を差し置き、極東の島国の鉄が選ばれたのだ。

その他にも、**マッチや洋傘、ブラシ**など、世界的なシェアを獲得していた輸出品は多かった。

戦後、工業立国として花開いた日本だったが、その下地はすでに戦前の頃から作られていたのである。

【日本で育まれた革命の種】

日本はアジアの革命基地だった

戦前の逸話
其の
11

●指導者に共通する過去

孫文、蒋介石、周恩来、朴正煕（パクチョンヒ）、李登輝（りとうき）……。

彼らはいわずと知れた、東アジアの近現代史を代表する革命家や政治家である。

実は、先に挙げた彼らにはある共通点がある。

それは、**日本に亡命、もしくは留学した過去がある**ということである。

20世紀最大の悪夢、第二次世界大戦を経験したことにより、戦前の日本には「**世界の嫌われ者**」

「**アジアの侵奪者**」といったイメージがある。

だが、実際にそう扱われるようになったのは、第二次大戦の直前になってからのことだった。

昭和初期までの日本は、経済や教育、思想などで**アジアをリードする存在**だったのだ。

歴史を振り返ればわかるように、日本はアジアの中でいち早く近代化に成功し、欧米列強の植

民地になることのなかった数少ない国である。また、明治末期に勃発した日露戦争では、圧倒的

物量を誇った強国ロシアをも討ち破り、世界を仰天させた。

そうした〝強い日本〟の姿は、欧米列強の支配に苦しんでいたアジア諸国にとってひとつのモ

デルケースだった。その強さ、あるいは近代化の秘訣を学ぶために、アジアの革命家たちはこ

ぞって日本を訪れ、革命の謀議をめぐらせていたのである。

中国革命の父、**孫文**は1895年の武装蜂起に失敗後、日本に亡命した。その後、ハワイ、イ

ギリスを転々とした後、2年後に再び日本に上陸。革命家の宮崎滔天らの支援を受け、「中国革

命同盟会」を組織し、後に**辛亥革命を成し遂げた。**

孫文を援助したのは、宮崎滔天だけではなかった。帝国ホテルの創業者である大倉財閥の大倉

喜八郎も、革命資金300万円（現在の価値にすると**約60億円**）を融資した。映画会社日活の前

身であるエム・パテー社の梅屋庄吉も資金提供している。

このことからわかるように、当時の日本人のなかには、アジアの独立運動に協力するものが数

多くいた。インドカレーで有名な新宿の西洋レストラン**中村屋**は、インドの独立運動家**ラス・ビ**

ハリ・ボースを庇護している。ボースは、第一次大戦中に祖国を支配するイギリスのインド提督

暗殺を企て、日本に亡命していた。中村屋のインドカレーのレシピは、ボースが伝えたものとも

いわれている。

中国の革命家・孫文（左）とベトナムの革命家ファン・ボイ・チャウ（右）

デパート松坂屋の当主、**伊藤祐民**（すけたみ）は、ビルマの僧侶で独立運動家である**ウ・オッタマ**の依頼を受け、実費でビルマ人留学生を受け入れている。ビルマはインドと同様にイギリスの植民地だった。つまり、インドやビルマの独立運動を支持するということは、当時、世界有数の力を誇った大英帝国を敵に回すのと同じことだった。しかし、それでも日本には進んで手を差し伸べる者たちがいた。当時の日本には、気骨のある者が多かったということだろう。

その他では20世紀初頭のベトナム独立運動の中心的存在だった**ファン・ボイ・チャウ**も援助を求め、1905年に横浜に上陸している。ファン・ボイ・チャウは本国に向け、日本に留学生を送るように指示した。それから2年後には、ベトナム人留学生は200名に達し、東京で「新ベトナム公憲会」を組織し、抗仏独立運動の一勢力となった。

こうしたベトナム人留学生の動きに不快感を示した宗主国のフランスは、独立運動の弾圧のため、留学生の家族を逮捕し、留学生の引渡しを求めて日本政府に圧力を

かけた。

当時、日本は幕末に結ばれた不平等条約を改定するため、フランスと日仏協定の締結に向けた交渉の真っ最中であり、政府はフランスと事を荒立てるのを嫌っていた。しかし、引渡すのだけは忍びない、ということで犬養毅や大隈重信、後藤新平らの働きかけによって「国外退去」で落ち着いた。

こうしてみると、アジアの国々の独立運動の多くは、戦前の日本となんらかの関係があることがわかる。第二次大戦後、これらの国々は相次いで独立を果たしたが、**その下地は日本の地で作られていた**、ということもできるのである。

●戦前の日本の学力とは⁉

アジアの革命家たちが日本を目指したのには、ほかにも理由があった。

実は、戦前の日本は**世界でも有数のレベルを誇る教育大国**だった。

日本は古くから教育意識が非常に高い国で、江戸時代にはすでに**寺子屋などの教育機関が発達**していた。幕末期の江戸の識字率は**男子が79％**、**女子が21％**、知識階級だった**武士なら、ほぼ100％**だった。同様に僻地の農村でも20％近くあったというので、当時の他の地域と比べると、驚異的な数値である。明治維新直後に出版された**『学問のすゝめ』は数百万部のベストセラー**と

いわれているが、当時、これだけ本が売れたということは、字を読むことのできる者がそれだけ多くいたということである。

今日に繋がる我が国の学制は、1872年に始まったが、それから30年後には小学校の就学率が90％を超え、**終戦時にはほぼ100％**になっていた。これはアジア諸国はもちろん、欧米とくらべても先端をいっていたことになる。

明治5（1872）年発行の『学問のすゝめ』の初版本

さらに富国強兵を掲げ、西洋近代化をめざした明治期には、欧米の学問を積極的に吸収するため、西洋から学者などを招くことなども行っている。こうした充実した教育制度が、アジアの革命家にとって魅力的に映ったに違いない。

●日本にやってきた留学生たち

戦前期の日本に、もっとも多くの学生を送っていたのは**中国**だった。

毛沢東の信任が篤かった周恩来は、1917年に19歳で来日し、東亜高等予備学校で大学進学のために日本語

を学んでいた。中華民国の元首となる蒋介石も陸軍士官学校の準備教育をしていた東京振武学校の卒業生である。

中国人留学生の受け入れは、明治29年からスタートした。はじめて来日したのは、中国外務省の選抜試験に合格した13人だった。明治29年というと、**日清戦争終結からわずか2年後**のことである。その戦争で大敗した中国は、新興国である日本から学ぼうとしたのだろう。

中国人留学生は徐々に数を増していき、日本が日露戦争で勝利を収めると一気に激増した。それをピークに日中関係が冷え込むにつれ、徐々に数を減らしていったが、それでも**昭和初期には5000人以上の中国人留学生がいた**のである。

また中国のみならず、日本が統治していた朝鮮半島や台湾からも多数の学生が来日していた。このうちもっとも多かったのは朝鮮半島からで、1942年ごろには**3万人近く**に達していた。

特に陸軍士官学校への留学は多く、陸軍は**朝鮮半島出身者のための特別クラス**を用意していたほどである。陸軍士官学校出身者は、朝鮮戦争では韓国軍の幹部になったり、後には韓国政界の中枢に座ったものも多い。朴正熙元大統領も日本の陸軍士官学校出身である。

また、台湾の李登輝元総統も日本留学経験者である。台湾の学校を卒業した後、京都大学で農学を修めている。その他、正式な数字は判明していないが、ベトナムやフィリピン、インドやインドネシアなど**東南アジアの国々からも多数の留学生が来日**していた。

周恩来（左）と朴正煕（右）も青年期に日本に留学していた

東南アジアの国々は、当時、まだ欧米の植民地だったため、学生にとってオーソドックスな出世コースは、宗主国で学ぶことだった。宗主国にとっても、学生が日本で学ぶことは面白くないので、前述のフランスによるベトナム人留学生への迫害に代表されるような様々な妨害を行った。

しかし、それでも彼らは日本で学ぼうと思ったのである。

それに応えるように、日本側でも官民ともに留学生を積極的に受け入れた。昭和10（1935）年には、近衛文麿公爵が会長となり、**国際学友会**という団体が設立された。この団体は、外務省の肝いりで作られた外国人留学生を受け入れのための機関で、主に東南アジアの留学生の世話に当たっていた。

また、留学生を出身国別にサポートするような試みも行われており、**中華学会**（中国人留学生向け）や**満州国留日学生補導協会**（満州出身者向け）、**善隣協会**（モンゴル人留学生向け）といった機関が作られていた。私大も留学生の受け入れに積極的で、早稲田大学などには清国留学生部という中国人留学生専用の学部があった。そ

の他、法政大学や明治大学でも多数の受け入れを行っていたという。

また、わずかではあったが、欧米からの留学生もいた。

たとえば、戦後GHQのスタッフとして財閥解体などを指揮した、アメリカ人エコノミスト、**エレノア・M・ハドレー女史**も前述の国際学友会の招きで来日したひとりである。

ハドレーは、彼女の大叔母が日本で暮らした経験があったことなどから、日本に興味を持ち、国際学友会に留学の申請をした。そして日中戦争がはじまり、日本に対する国際批判が高まる昭和13（1938）年に来日。太平洋戦争の直前、昭和15（1940）年に帰国した。

国際学友会の援助は手厚く、留学の世話だけでなく、**費用も全額負担**した。そのため、ハドレーの**学費はすべて無料**で、そのうえ月額140円（現在の価値にすると**約28万円**）もの生活費が支給されていたという。これは、当時のサラリーマンの平均月収よりも多い金額である。

このように、戦前の日本は、多数の留学生が集まる教育大国であり、最盛期には2万人以上の外国人留学生が学んでいたといわれている。戦後、日本で学ぶ留学生の数が1万人を超えるようになるのは、80年代に入ってからのことである。当時の交通事情を考えると、**戦前の留学生の数は驚異的**だったのだ。

戦前の日本教育は、アジア諸国に少なからず影響を与えた。当時の日本で受けた教育に感謝している著名人も多い。たとえば、近代中国の代表的な作家、**魯迅**（ろじん）は日本での教育について小説『藤

野先生』でこう振り返っている。

　先生の写真だけはいまでも私の北京の寓居の東側の壁、机の正面にかかっている。いつも夜になって疲れが出、ひと休みしようかと思うとき、顔を上げて、灯りの中の先生の浅黒い痩せ形の顔が、今にもあの抑揚のある口調で話しかけてきそうになるのを見ると、私は俄然良心に目覚め、勇気が満ちてくるのを覚える。

魯迅

藤野厳九郎のことである。

　作中で書かれた藤野先生とは、魯迅が1904年から1年半間学んだ仙台医学専門学校の教師、

　魯迅は基礎学力が不足していたため、勉強についていけず専門学校を中退してしまうが、そうした劣等生の魯迅を辛抱強く指導したのが、藤野だった。魯迅はその姿勢に、**深い感銘を受けた**というのである。

　学校を中退した後、魯迅と藤野が連絡をとりあうことはなかった。

　藤野は小説『藤野先生』を読み、中国の偉大な小説家がかつてのデキの悪い教え子だったことを知ったという。

【実は凄かった戦前のインフラ事情】

明治時代には電気が通っていた

戦前の逸話 其の 12

● 近代化の太陽、電力の登場

日本の電気産業は、すでに明治時代にはじまっていた。

明治の初頭には、日本初の電力会社「東京電燈」が設立。発起人になったのは、〝日本のエジソン〟と呼ばれる物理学者の藤岡市助や実業家の大倉喜八郎らで富国強兵のためには電力が不可欠との思いで、創業されたものだった。

同社は、明治19（1886）年に活動を開始し、翌年には、早くも電力の供給に成功し、東京の5ヵ所に火力発電所の設置を進め、明治26（1893）年からは200KWの大出力発電所である**浅草火力発電所**の建設をはじめた。

アメリカでエジソンが電気事業をはじめたのは1880年のことだった。**そのわずか7年後**には、日本でも電気が通っていたのである。これは、おどろくべきスピードだといえる。

明治20年代の横浜。ガス灯と電灯が共存しているのがわかる

とはいえ、まだ当時の人々にとって電気は遠い世界のものだったようだ。

東京電燈が活動をはじめた当初、電力供給の契約者は**わずか134名**を数えるばかりだった。しかし、それも瞬く間に普及し、5年後には**契約者数1万4000以上**、浅草凌雲閣には、**電力で稼動するエレベーターまで登場**している。

明治21年以降は、大阪や神戸、京都、名古屋にも相次いで電力会社が設立され、電気産業の波は全国にも波及した。

開業当初の発電方法は、**石炭を燃やす火力発電が主**だった。だが、明治25年に琵琶湖に水力発電所ができたのを皮切りに、**全国に水力発電施設が作られる**ようになる。明治39（1906）年には山梨県の駒橋に桂川系の水力を利用した発電所が建設され、80キロという長距離送電を開始した。また、中部山

岳地方でも水力発電所が相次いで作られ、京阪神にも電力が供給されるようになった。

この水力発電は、日本の産業のあり方を変えた。

電気料金が安くなったことによって、電気は急速に普及し、工場ではボイラーを焚いて動力を得るよりも電気を使った方が安上がりになった。この動きは大工場のみならず、中小規模の工場にも広がり、**電気は産業にとってなくてはならないものになった**のだ。

● 家庭にも電気が行き渡る

大正5（1916）年になると、東京や大阪で80％、全国では40％の家庭に電気が行き渡っていた。

当初は電灯ぐらいしかなかった電化製品の開発も進み、電灯以外にも電気の使い道が増えていった。

それらのうち、最初に普及し始めたのは、電熱器を使った**電気コンロ、アイロン、扇風機**などだった。その後も欧米から輸入されるなどして、すでに昭和初期には、**トースターや電気ストーブ、冷蔵庫、洗濯機、掃除機、クーラー**といったものまで登場していた。

ただし、そうした電化製品を手にできるのは、ごく一握りの者だけだった。

当時の電化製品は非常に高価で、庶民にとっては高嶺の花どころか、まだまだ夢の道具だった。

戦前の洗濯機（左）と冷蔵庫（右）。いずれも輸入品で高価だった

昭和9年頃の冷蔵庫は、600〜800円だった。現代の貨幣価値に換算すると、百数十万円。

そのため、庶民にとっては電気といえば、やはり電灯だった。

当時は**定額電灯**という料金設定があり、夜間はいくら使っても自由だが、昼間は送電されない、また送電量が限られており、電灯にしか使えないというものだった。

普通の家庭では、電化製品を持っていることが少なかったので、この定額灯にしていることが多かったのである。

当時の電化製品は、すでに述べたように欧米からの輸入品が主だった。

だが、大正時代に入ると、**芝浦製作所（大手電機メーカー、東芝の前身）が扇風機の量産に成功する**など、国産メーカーも存在感を示しはじめる。しかし、それも戦争が始まるまでのことだった。日中戦争、太平洋戦争と続くうちに、電気産業は軍需一色となり、国産家庭用電化製品の製造は、戦後まで棚上げにされるのである。

【歴史に名を残す発明発見が続々！】

最先端にあった日本の科学力

戦前の逸話
其の
13

●戦前も優れていた日本の科学技術

戦前の科学技術というと、当時の欧米諸国と比べるとかなり劣っていたイメージがある。

たしかに、戦前の日本は現代のような技術立国とは違うし、工業国のバロメーターである「**自動車の保有台数**」も欧米の先進諸国には遠く及ばなかった。第二次大戦の開戦直前（1939年）、日本の自動車保有台数は約22万台。それに比べて、イギリスは約150万台、ドイツは約200万台、アメリカはなんと約3000万台も保有していた。

しかし、それでも分野によっては最先端を行っていたものもあった。

その代表的なものが「**通信**」である。

通信は、今でも科学技術の最先端分野だが、日本は戦前からこの分野で長じていた。

たとえば、**テレビ画像の送受信**に初めて成功したのも、日本人科学者の**高柳健次郎**である。浜

テレビ映写実験の様子。左から２人目が高柳助教授（当時）

松高等工業学校（現・静岡大学工学部）の助教授だった高柳は、昭和元（１９２６）年１２月２５日に自作のテレビ送受信機を用いて、**カタカナの「イ」を映し出すことに成功**したのだ。

当時は、先進各国が次世代の情報通信手段として、テレビ開発にしのぎを削っていた。世界が注視する科学技術を、日本の高等学校の助教授がいち早くものにしたわけである。

また、無線技術においても、日本は画期的な発明をしていた。

昭和３（１９２８）年には、東北帝国大学の**八木秀次教授**を中心とする研究グループが、テレビアンテナなどの原型となる「**八木・宇田アンテナ**」を開発。また、同じ東北帝大の**岡部金治郎**によって**マグネトロン**が実用化された。マグネトロンは強力なマイクロ波を発生させる真空管のことで、現代ではレーダーや電子レンジなどに応用されている。マグネトロン自体は１９１６年にア

メリカのGE社が発明していたが、その実用化が急がれていたものだった。

●気づかれなかった発明品

八木アンテナやマグネトロンは、現代にも通じる非常に有用な研究発明だったにも関わらず、日本における評価はあまり高いものではなかった。当時、軍部は新兵器レーダーの開発にやっきになっていたが、これらの研究の有用性に気づかず、積極的に活用しようとはしなかった。結局、**レーダーの開発は英米に先を越されてしまった**のである。

第二次世界大戦が開戦した後、シンガポールを陥落させた日本軍は、接収したイギリス艦隊を見て、驚いたという。

艦隊には "**YAGI・ARAY**" という見たこともない機材が積まれていた。それがどうしても理解できない日本軍は、英国側を問いただし、愕然としたという。"YAGI・ARAY" は、日本人科学者の八木教授が開発した技術だというのだ。

なぜ、八木教授らの発明は軽視されたのか。それは、当時の日本では発電や送電、電動機などの "電力" に関する技術がもてはやされ、**電気通信の技術は二の次三の次**だと考えられていたからだ。

そのため、東北帝大から電気通信に関する論文が矢継ぎ早に発表されると、学会は閉口して、

第二次世界大戦中の航空機に取り付けられた八木アンテナ（YAGI ARAY）

論文提出をしばらく遠慮してくれなどといってくるような始末だった。

当時は、電気通信の黎明期であり、その価値を理解できた者がいなかったということもあるだろうが、**日本人がそれほど重要な発明をするはずがないという思い込み**もあったようである。明治維新以来、こと科学技術に関しては欧米の後塵を拝してきた日本が、よもや欧米を凌駕するような発明をするなどとは思わなかったのだろう。

●まだある戦前の功績

しかし、当時の日本は明治以来続けてきた富国強兵、学力重視の政策が実を結びつつあったときだった。前述の技術以外にも、零式戦闘機（ゼロ戦）に使われた高い強度を持つアルミニウム合金・**超々ジュラルミン**や**合成繊維**の技術など、世

血清療法の研究で第一回ノーベル生理学・医学賞の候補になった北里柴三郎（左）とビタミンB1の発見者・鈴木梅太郎（右）

界に先駆けていたものも多いのである。

この時期に発明されたものには、次のようなものがある。

日本の紡績技術の革新に貢献した**豊田の自動織機**。

松下幸之助が開発し、電化製品を普及させるきっかけになった**二股ソケット**。家電メーカー、シャープの創業者・早川徳次が開発した**シャープペンシル**など、後の技術大国の片鱗をうかがわせる発明が相次いでいたのだ。

また、医学や化学の分野でも、戦前の日本人は凄かった。

北里大学の創設者として知られる**北里柴三郎**は破傷風菌の培養に成功し、血清療法を応用してジフテリアの治療に成功するなど、**ノーベル賞クラスの業績を挙げた**。また、黄熱病の研究などで功績を挙げた**野口英世**も、**世界的な名声を獲得した細菌学者**だった。

その他、あまり知られてはいないが、ビタミンの存在を最初に発見したのも日本人農芸化学

者・**鈴木梅太郎**である。　鈴木は戦前の国民病だった脚気の原因を探るうちに、米糠からオリザニ

ン（ビタミンB1）という栄養素を発見し、それが脚気に効くことを実証したのだ。

また大正13年には、**荻野久作博士**が、女性の排卵日と月経との関係を明らかにした「荻野学説」

を発表した。いわゆる「**オギノ式の避妊法**」である。

「オギノ式」は当初、不妊治療のために考案されたものだったが、後に避妊法として使われるよ

うになる。そのことに考案者の荻野博士は最後まで反対したというが、現在ではローマカトリッ

ク教会で唯一認められた避妊法として認知されている。

こうして振り返ると、戦前の日本でもすでに科学の芽が出て、花が咲いていたことがわかる。

科学技術立国は一朝一夕になれるものではない。記録に残る偉大な学者や、埋もれていった研究

者の存在があったからこそ、現代の日本があるのである。

【海をまたいだ大陸横断鉄道の夢】

幻の超特急「弾丸列車計画」

昭和39（1964）年、東京〜新大阪間に**東海道新幹線が開通**した。

当時、世界でもっとも速い運行速度を誇った新幹線の開通は、鉄道の歴史が新しい段階に入ったことを印象づける出来事だった。

しかし、昭和39年といえば、**終戦からわずか19年**である。日本は戦争で焼け野原になった。そこから20年たらずで、最新鋭の新幹線を開通させている。これは驚異以外の何物でもない。

なぜ、日本はそれほど早く、新幹線を開通させることができたのか。

実は、新幹線の誕生の裏には、戦前の驚くべき計画が隠されていたのである。

● 幻の「弾丸列車計画」

新幹線は、戦後になって企画立案されたものではない。実は、**計画自体は戦前に作られ、着工**

南満州鉄道の特急あじあ号。当時の日本の鉄道技術の高さを示す車両だった

のゴーサインまで出ていたプロジェクトだったので
ある。

　戦前の新幹線構想は、「弾丸列車計画」と呼ばれ
ていた。東海道線、山陽本線にこれまでにない高速
鉄道を走らせる、というものだ。

　このプロジェクトの背景には、日本の産業の急成
長という要因があった。東海道線、山陽本線は、**東
京と関西、九州を結ぶ日本の大動脈**であり、ただで
さえ輸送量は多かった。それに加え、日本が朝鮮を
併合し、満州にも植民地を持つようになると、大
陸向けの輸送量も増大。**東海道線と山陽本線はパ
ンク寸前**だった。日本満州間の旅客量は、昭和6
（1931）年には30万人だったが、昭和12年には
52万人、昭和14年には90万人を超えていたのだ。

　そこで昭和13年に東海道線、山陽本線とは別に広
軌道の鉄道を走らせる「弾丸列車計画」が打ち出さ

れた。この計画は、鉄道省や軍部との何度かの審議の後、昭和15年に実行が決定した。

建設計画では、時速200キロ、軌間1435ミリ、車両の長さ25メートル、ホームの長さは500メートル、1日に片道42本の旅客列車を走らせる予定だった。これらの数値は、**新幹線が開業したときと非常によく似ている。**

鉄道省は、この新鉄道は当時の最先端技術である「**電車**」で運行しようと考えていた。しかし、これには軍部が猛反発した。電車だと変電所が爆撃されれば一発で動けなくなる、というのだ。

鉄道省も、軍部の意向には逆らえず、結局、蒸気機関車による運行に同意した。

蒸気機関車で時速150キロ以上を出すのならば、かなり大型の動輪（原動機のエネルギーを受けて、回転して動力に変える装置。バイクでいう後輪）が必要になる。

そこで、弾丸列車計画では動輪の直径を2メートル30センチにする予定だった。日本の代表的な蒸気機関車D51の動輪が、1メートル40センチなので、それを90センチも上回ることになる。

当時、世界最大級といわれた「あじあ号」でも、動輪は2メートルだったので、その巨大さが知れる。もしもこれが完成していれば、**怪物のような蒸気機関車**になっていたことだろう。

● **日本と朝鮮半島をつなぐ仰天の計画**

実は、このプロジェクトには、さらにスケールの大きな目標もあった。

建設中の「関門トンネル」。世界初の海底鉄道トンネルだった

「弾丸列車計画」では、東京と西日本をつなぐだけでなく、**最終的には東京と北京をつなごう**とまで考えていたのである。

もちろん、日本と中国の間には海があるため、陸路は不可能である。そのため、**下関から朝鮮半島まで海底トンネルを掘り、北京まで直通させる**つもりだったのだ。

夢のような話であるが、当時はかなり本気だった。下関と釜山を結ぶ海上の連絡線は、軍需物資の輸送で大混雑をきたしていた。そのため、その連絡線の海底をトンネルで結ぶ計画も検討されていた。このトンネル計画は、実地調査も数回行われていた。

当時、日本の鉄道技術はすでに世界的なレベルにあり、昭和6（1931）年9月1日には、建設中の上越線の新潟県と群馬県の県境で、**当時世界最長の清水トンネル**（全長約9702メートル）の開通に成功している。

97

昭和17（1942）年には、関門海峡において、本州の下関と九州の門司を結ぶ**世界初の海底鉄道トンネル、関門トンネル**を作っている。朝鮮半島まで伸びる海底トンネルも決して夢物語ではなかったのだ。

またこの時期、さらに壮大な鉄道構想もあった。昭和13年には、鉄道省の監察官だった湯本昇が「**中央アジア横断鉄道計画**」をぶち上げた。朝鮮から北京を経て、アフガニスタンのカブール、イランのテヘラン、イラクのバグダッドまで延べ7474キロを直通する鉄道を作ろうというのだ。いわば**シルクロードをそのまま鉄道で通してしまう**という計画である。そしてヨーロッパ側の鉄道と連結して、ベルリンまでつなごうというのである。また、満鉄の第10代総裁の山本条太郎も、上海、ロシア経由でヨーロッパまで直通する鉄道を構想していると発言していた。

当時、日本からヨーロッパへ行く場合は**シベリア鉄道**を使った。シベリア鉄道は1891年着工、1916年に完成、総延長は約9000キロで、日本からベルリンまでは14日間で行けた。

しかし、ソ連は国情が不安定で、中国との関係も悪いため、使えなくなることもしばしばあった。そのため、いっそのこと**中央アジアを経由する鉄道を日本が作るべき**、と考えたという。

もちろん、これらの計画は、戦局の悪化とともに潰えてしまった。が、東海道、山陽新幹線は、進化系となって20数年後に実現している。もしかしたら、他の壮大な計画も、実現するときがくるかもしれない。

【輝けるダイオオサカの歴史】

大阪が日本最大の都市だった！

●関西の雄「大阪」の栄光の時代

関西、とくに大阪府出身者のなかには、東京に対して敵意にも似た感情を抱く者がいる。

「東京はダメだ」「やっぱり大阪は違う」といった皮肉交じりの嘆きを聞くたび、筆者はそこに強い郷土愛と、東京へのコンプレックスを感じてしまう。だが、歴史的に見れば大阪は何も東京にコンプレックスなど抱く必要はないのである。

なぜなら、大阪にはかつて**日本最大の都市だった**という、輝かしい時代があったからだ。

明治維新以降、東京の後塵を拝してきた大阪市が、日本最大の都市の座についたのは大正末期のことだった。昭和3（1928）年10月の人口調査によると、大阪市の人口はおよそ233万人。東京市（現在の東京23区）の221万人をかわし、堂々国内一位の座につくとともに、ニューヨーク、ロンドン、ベルリン、シカゴ、パリに続く世界6番目の都市に躍り出たのである。

なぜ、大阪市が昭和初期になって人口1位になったのか。そのカラクリは、大正14（1925）年に行われた行政区域の再編にある。

この再編によって、隣接する**東成郡と西成郡が大阪市に編入される**ことになったのである。大阪市にはあらたに44の町村が加わり、人口が急増。その結果、手にした1位の座だったのである。

しかし、大阪市の栄光は、単なる人口の多さだけではなかった。

戦前の日本では、大阪は**商工業の中心地**だった。その繁栄ぶりは、イギリス最大の紡績都市ランカシャーになぞらえ、**「東洋のランカシャー」**とまで評されたほどだったのである。

●東洋のランカシャー

「汽車で大阪駅に近づくと、晴れた日でも、空がどんより曇ったやうに見えます」

昭和15年まで使われていた国定教科書『小学国語読本』には、大阪に関してこんな記述がある。

現在の大阪というと商業、芸人、食いだおれなどがイメージされるが、戦前の大阪のイメージは立ち並ぶ煙突、曇った空など、**工業地帯**としてのそれだったのである。

大正時代、大阪市の**人口密度は1平方キロメートルあたり2万人を超えていた。**

現在の東京23区の人口密度が1万3500人程度なので、その過密ぶりは想像を絶するものがある。

土地不足から、狭い住宅が密集していたうえ、上下水道の整備が追いついておらず、公衆

昭和初期の道頓堀と戎橋（えびすばし）。モダンとレトロが混在した街並みである

衛生上も極めて劣悪な状況だった。また路面が悪いため、渋滞が頻発。鉄道も不十分だったので朝夕は地獄のラッシュに見舞われた。

大規模な再開発の必要を感じた大阪市は、大正14年に前述の合併を行った。

その結果、大阪市は人口も面積も約3倍になった。人々は、この新しい大阪市のことを「**大大阪（だいおおさか）**」と呼ぶようになった。

●先端都市「大大阪」の終焉

戦前の大阪は、**文化の発信地**でもあった。

三大新聞（読売、毎日、朝日）のうち、2紙（**毎日、朝日**）は大阪が発祥。その他、カフェの女給、メーター制のタクシーなども大阪生まれで、全国に普及したものは枚挙にいとまがない。現在、全国の私鉄沿線には、当たり前のように郊外住宅が

戦前も抜群の人気を誇った宝塚歌劇団。春のレビューの様子

あるが、これを最初に作ったのも大阪である。

明治43（1910）年に開業した**箕面有馬電気軌道**（現阪急電鉄）は、大胆な新ビジネスを次々と成功させ、その後の私鉄経営のモデルケースとなる。同社は開業する前に、沿線の土地82万平方メートルを買収し、豊能郡池田室町（現・大阪府池田市）、箕面村（現・大阪府箕面市）などを**大規模な住宅地として開発し分譲**を行った。

開業の翌年には、終点の宝塚駅に、大浴場を備えた温泉施設を作り、**宝塚新温泉パラダイス**と名付けた。ここには大劇場も備えられ、**宝塚唱歌隊**（現在の宝塚歌劇団）が公演し大ブームを巻き起こした。大正4（1929）年には、梅田駅に日本初のターミナルデパート・**阪急百貨店を開業**し、昭和4（1929）年には風光明媚な**芦屋に高級住宅地を開発**してもいる。

梅田で開業した阪急百貨店（昭和11年の新聞広告より）

箕面有馬電気軌道の行ったこれらの新事業は、東京地下鉄道や東急、西武といった在京の鉄道会社もこぞって模倣した。渋沢栄一らが開発した田園調布などの東京郊外都市も、基本的な部分は箕面有馬電気軌道の手法を継承したものである。

昭和7年になって、同じく再編成を経た東京市に人口1位の座は奪還されるものの、大大阪は日本の文化や産業をリードし続けた。

だが、太平洋戦争が勃発すると、その栄光の歴史にも陰りが見え始める。

戦時中、**軍事産業が東京に一極集中**したことにより、人や物資は首都圏に集まるようになる。その結果、大阪は勢いを失い、そのままの流れで戦後を迎えた。その後も東京主導で高度経済成長を迎えたため、大阪は相対的に地盤沈下していくことになったのである。

【国民が国産映画に熱狂！】

戦前は日本映画の黄金時代

●映画大国、戦前の日本

戦前、娯楽の王様といえば**映画**だった。

昭和4（1929）年、国内で製作された日本映画の数は、**818作品**。近年は、年に平均して600本前後の邦画が公開されているので、その約1・5倍にあたる映画が作られていたことになる。

撮影所で働く者も多く、その数はおよそ4000人もいた。

また、人々もよく映画を見た。同じ年のデータでは観客動員数は、延べ1億6000万人。これは警察に届け出があった数字なので、**実際はその倍はいた**ともいわれている。当時の日本の総人口（総務省に統計では、昭和4年の人口は約6346万人）が劇場に行ったとしても、**1人当たり4、5回は足を運んだ計算**になる。ちなみに、映画館離れが進んだとされる現代では1人当たりの年間劇場鑑賞回数は1・5回となっている（2019年の全国平均）。

大勢の客でごった返す、昭和初期の東京・浅草のキネマ街

日本に初めて映画が入ってきたのは、明治29（1896）年のことだった。当初、映画といえば輸入品の外国産ばかりだったが、大正時代に入ると邦画も盛んに撮られるようになった。昭和4年頃には、日本における輸入映画と国産映画の力関係は逆転し、劇場で公開される作品のうち、8割近くが邦画になった。

当時、世界を見渡しても、これほど**国産映画のシェアが大きな国は非常に稀**だった。

映画は、草創期からずっとアメリカの一人勝ちが続いていた。世界で上映される作品の大半はアメリカ製で、昭和初期のイギリスやフランスでも上映作品のうち7割が、最も映像技術が発達していたとされるドイツでも6割が、アメリカ映画だったのである。

では、なぜ日本では国産映画が強かったのか。

若き日の尾上松之助

アメリカ映画は、当然ながらアメリカの文化や風俗を下敷きに作られている。外国文化に疎い当時の人々にすれば、外国映画はかなり難解なものに映ったはずだ。その点、国産映画ならば作り手も日本人なので感覚がよくわかっている。違和感なく物語に没頭できたことだろう。

昨今、日本映画が好調だといわれているが、それでも2019年度の劇場公開作品のうち、邦画の占める割合は半分程度だった。優れた作品が多く、邦画の全盛期だった昭和30年代でも戦前ほどのシェアは獲得できなかった。**戦前の日本映画は大健闘していた**のである。

理由としてすぐに思い当たるのが、「**言葉の壁**」であるが、どうやらそうではないようだ。なぜならば**無声映画の時代の方が、さらに国産映画のシェアが大きかった**からだ。年代によっては、9割を国産映画が占めていたこともあったほどだ。

とすると、他に考えられるものは「**文化の壁**」である。

●戦前の大スターたち

活況だった当時の日本映画界には、スターも次々と誕生している。

激しい立ち回りで剣戟ブームを巻き起こした阪東妻三郎の映画『雄呂血』（大正14年）

日本映画史上、記念すべき最初のスターは、尾上松之助である。

尾上松之助は、明治8（1875）年に岡山県に生まれた。幼少から芝居に親しみ、6歳で初舞台を踏む。その後、18歳で一座を率いて中国地方や四国地方を回った。岡山を巡業していたとき、そこでの芝居が映画監督、牧野省三の目にとまり、映画に抜擢される。

初出演作は、明治42（1909）年の『碁盤忠信　源氏礎』。目を大きく見開き、相手をにらみつける仕草が評判を呼び「目玉の松ちゃん」と呼ばれ、たちまち人気者になる。時代劇映画を中心に、1000本以上の作品に出演した。

大正末期から昭和初期には、チャンバラ映画の大ブームが到来する。

大正12（1923）年には、**阪東妻三郎**が登場。大正14年公開の『雄呂血』で見せた壮絶な殺陣が大ウケし、「乱闘劇のバンツマ」「剣戟王」などと評され、絶大な人気を得た。昭和2（1927）年には、**嵐寛壽郎**が『鞍馬天狗異聞・角兵衛獅子』でデビュー。華麗な殺陣で「鞍馬天狗ブーム」を巻き起こす。

また、戦前は後の日本映画を支えた名監督を生んだ時代でもあった。**大河内傳次郎**主演の「丹下左膳シリーズ」も人気を博した。日本映画の巨匠・**小津安二郎**（『晩秋』『東京物語』など）、特撮映画の**円谷英二**（『ゴジラ』『ウルトラマン』など）も、すでに戦前の頃に初監督作品を撮っている。

戦前の日本は、まさに映画黄金期だったといえるのである。

【第三章】古くて新しい戦前の暮らし

【若干12歳で競争社会の真っ只中に】

過酷で激しい受験戦争

● 当時の小学生はツラかった

ある年の主婦向けの雑誌『婦人之友』には、次のような記事が載った。

「先生、利夫のクラスでは家庭教師をお願いしている友達もたくさんいますし、中には参考書をあれこれ買って、実によく勉強しているお友達もあるようでございます」

「教科書を頭の奥にしみこむまでよく勉強させておけばよいので、参考書をむやみにあさる必要はありません」

受験生の子を持つ読者が教育の悩みを専門家に相談する、という現代でもお馴染みの記事である。

しかし、この記事は最近のものではない。

明治41年頃の宮城県の尋常高等小学校。広い運動場も備えていた

この記事が載ったのは、**昭和8（1933）年1月号。**しかも、これは高校受験や大学受験の話ではなく、**中学受験についての相談**なのである。

戦前は、国を挙げて学問を奨励していた。明治初期、政府は学制を敷き、早くも教育制度の整備に着手した。

小学校は16の等級に分かれ、半年に1回行われる試験に合格しないと進級できないシステムになっていた。教室内の席順は成績順になっており、試験の成績に応じて変更された。成績の順位などのことを「**席次**」ということがあるが、それはこの頃のなごりなのである。

このシステムは、16段階の級を用意するのが財政的に負担となり、また中退者も相次いだため、明治12年に廃止され、学年制となった。だ

が、依然として子供の競争心を煽る傾向は続き、小学校の頃から学年で一番をとると、自治体から表彰されたりした。〝勉強ができる〟ということが、**今よりもずっと価値があった時代**なのだ。

その結果、よりいい学校に入ろうとして、受験は厳しくなる。

現代でも、東京などの大都市では、子供を有名私立中学に入学させるために、塾に通わせることがある。だが、全国的に見ればそれはあくまで少数派であり、公立の中学校であれば無試験で進学するのが一般的だろう。

しかし、**戦前の中学校は入試があるのが当たり前**だった。

なにしろ、戦前の義務教育は小学校までである。それ以上の学校に進学するためには、入学試験を突破しなければならなかった。当時の中学校（旧制中学）は5年制で、現在の中学校と高校を併せたような存在だった。**中学校に進めたのは小学校卒業者の3、4割**だったという。

もちろん、どこの中学校でもいいというわけではなかった。

高校や大学に進もうとすれば、やはり優秀な中学校が有利である。地方の学校よりも都会にある学校の方が学力が高かったので、必然的に都会の中学校に受験生が集まる。高等学校にエスカレーター式に進むことができた「**高等学校尋常科**」などは、特に人気が高かった。中学受験はいやおうなしに過熱した。冒頭の雑誌記事にあったように、家庭教師をつけることも珍しくなく、書店には学習参考書があふれていた。

青森県立青森中学校。作家の太宰治もこの学校に通った

井上靖の自伝的小説『**しろばんば**』には、小学6年生になった主人公が、家庭教師をつけられ、勉強させられている様子が出てくる。家庭教師は主人公に「何時間寝ているか？」と質問をする。主人公が「8時間」と答えると家庭教師は厳しく「これからは6時間にしろ」と注文をつけ、**寝ている時間以外はすべて勉強に充てろ**と言うのである。

これとよく似たことが現代の私立中受験生にもあるそうだが、主人公の少年が志望しているのはあくまで普通の公立中学校。当時の受験戦争というのは、それほど厳しかったのである。

●当時の中学入試の試験科目

それでは当時の小学生たちは中学入試でどのような試験を受けていたのか。

地域によって違いはあるが、国語（漢字の読み書き）と算数、そして口述試験（面接）と体格検査などがあった。試験は3日間にわけて行われることが多く、初日は国語、2日目は算数、3日目に口述試験と体格検査といった具合で進められた。そのため、遠方の中学校を受験する際は、**家族とともに泊りがけ**で行くこともあった。今の大学受験と似たような雰囲気である。

そうした努力が実を結べば言うことがないのだが、なかには受験に失敗する者もいる。諦めきれない者は、**中学浪人の道を歩む**ことになった。

中学校から浪人すると聞くと驚くかもしれないが、当時はそれほど珍しいことではなかった。大正8（1919）年の中学校への進学状況を見ると、中学校合格者は現役生よりも浪人生の方が多く、昭和に入ったときも**合格者の27％が浪人生**だった。

こうした状況を改善するために、文部省（現・文科省）は昭和2（1927）年に中学受験における筆記試験を廃止し、小学校からの報告書（現在の内申書のようなもの）と口述試験による人物考査、体格検査に絞ることにした。しかし、それも透明性に欠けるとの非難が起こり、昭和4年には筆記試験が再び復活している。

小学校を卒業したばかりの子供たちにとって、その後の人生を決めかねない中学受験は酷なものである。なかにはそのプレッシャーに耐えかね、ノイローゼになってしまう子供もいた。

『戦前の少年犯罪』（管賀江留郎著・築地書館）によると、昭和9年には**受験勉強で神経衰弱**に

①『東京遊学案内』（明治43年）
②『優等学生勉強法』（明治44年）
③『受験と学生』（大正11年）
④『受験旬報』（昭和7年）
⑤『蛍雪時代』（昭和16年）
⑥『英語基本単語熟語集』（昭和17年）

戦前・戦中の学習参考書。現代でもお馴染みの『蛍雪時代』なども出版されていた

なった中学生が**夜中に通り魔を繰り返す**という事件が起こったという。

この中学生は裕福な家庭の次男で、小学校ではトップクラスの成績だった。しかし、中学入試のために深夜まで猛勉強を続けた結果、神経衰弱にかかってしまい、探偵実話小説などの影響もあって通り魔を繰り返すようになったらしい。

彼が初めて女性を刃物で切りつけたのは小学校6年の2月で、それ以降は女性を襲わないと寝られなくなったという。彼は逮捕されるまでに27人もの女性を切り付け、うち5人に重傷を負わせている。

●終わらない受験戦争

どうにか中学校に滑り込んでも、その先の**高校受験が難関**だった。

なにしろ、戦前の日本の高校は、**全国に35校しか**

昭和初期の東京府立一中（現・都立日比谷高校）の授業風景。府立一中は当時屈指のエリート校。入学できれば帝大への道が大きく拓けたため、秀才が集まった

なかったのだ。高校に入学できたのは、全体の1割程度なのである。ちなみに、卒業生の多くが東京帝国大学（現・東京大学）に進んだ第一高等学校（旧制一高）の、昭和7年の入試倍率は、文科（文系）が6・1倍、理科（理系）が7・6倍だった。日本中から秀才たちが集まってのこの倍率なので、これはかなりの狭き門である。

しかし、厳しいのも高校入試までである。実は、**高校の定員と帝国大学の定員はほぼ同じ**だった。つまり、高校に受かりさえすれば、まずどこかの帝大に入ることができたのだ。

また、帝大の中には、高校卒業者を無試験で入学させる学部もあった。高校に受かりさえすれば、エリートへの道が約束されたも同然だったのだ。

まさに受かれば天国、落ちれば地獄。

高校入試は当時の学生にとって、**人生をかけた最**

116

大最後の関門だった。

いまでは大学浪人と聞いても珍しくないが、当時は高校浪人が掃いて捨てるほどいた。しかも

二浪、三浪も珍しくなかったという。

●おばあさんも着ていたセーラー服

戦前の教育制度では、女性は高等教育をほとんど受けられなかったような印象がある。

たしかに大学は女性に門戸を閉ざしていた。が、大学以外に目をやれば男性に匹敵するほどの教育機関が設けられていた。

それは、**高等女学校**という学校である。

高等女学校は明治24（1891）年、小学校を卒業した女子生徒に中等教育を施すために設置された。位置づけとしては、男子生徒における中学校のようなものだった。

最初の年は、全国に37校しかなかったが、順次数を増やしていき、明治40年には133校、昭和10（1935）年には790校、その10年後には1200校を超えた。施設の増加に伴い、学生の数も増え、開校当時は1000人にも満たなかったのが、昭和に入ると40万人を超えて、男子中学生より多くなった。**終戦時には、100万人近くになっていた**ともいわれている。

とはいえ、高等女学校に進学できたのは、**終戦時でも5、6人に1人**であり、誰もが行けると

昭和初期、セーラー服でスケートに興じる女学生たち

いうものではなかった。だが、それでも100万人というのはかなりの数字である。

高等女学校に通う期間は4〜5年だった。地域によっては3年で終わるところもあったが、この場合は高等小学校卒業者が対象だったので、実質は4〜5年だった。

学習の内容は、現在の家庭科のようなものが主で、女性の社会進出が制限されていたため、**よき家庭婦人になるための教育**が施されていた。

この高等女学校にはトレードマークがあった。

現代でもお馴染みの、**セーラー服**である。

セーラー服が登場したのは、大正8（1919）年頃。

当時の男子中学生には、小倉の学生服（現在の学ランとほぼ同じ、黒の詰襟の衣服）という定高等女学校の教師や父母の間で「男子の中学校に制限があるのに、高等女学校に制服がないのはおかしい」という声が挙がったのがきっかけだった。

番があった。しかし、女学生には制服がなく、何を着ていけばいいのか、当人や保護者の間で悩みの種になっていた。そこで、水兵の軍服に襟をつけたブラウスと三角のスカーフ、ひだつきのスカートのデザインの制服が作られたのである。

セーラー服は、まず大都市の学校で採用され、その後、地方に浸透していった。

この制服は、洗練されたおしゃれな印象がありながら、それでいて清潔感もある。誰が着てもそれなりに似合うという利点もあり、**理想的な制服**だったのである。

昭和初期には、女学生といえばセーラー服というほど、普及していた。

現在でもセーラー服を制服にしている中学校や高校がある。実に90年に及ぶ、ロングセラー商品なのである。少女を象徴するセーラー服は、4世代前、ひいおばあさんの代から着続けられているものなのだ。

なぜ戦前の父親は強かったか？

【戸主が頂点に君臨……戦前の家族制度の実態】

戦前の逸話
其の
18

● カミナリオヤジのいた時代

誰が言ったか知らないが、「**地震、カミナリ、火事、オヤジ**」なる言葉がある。

上から順に〝おこる〟と怖いものを並べていったものだが、現代の若い読者はこの言葉を聞いてどう思うだろうか。

というのも、戦後になって父親の威厳がなくなったといわれることが多いからである。

たしかに、世のお父さん方を眺めてみると、総じておとなしめであり、いかにもカミナリオヤジ然とした人が減っているように思われる。

父親が弱くなった理由は、「家族が父親を尊敬しなくなった」ためだとか、「父親が威厳を持って振る舞わなくなった」など、様々に分析されている。

しかし、戦後になって父親が弱くなったのは、そうした父親の資質というよりはむしろ、**制度**

上の問題ではないか、と筆者は考える。なぜなら戦前の日本の家族制度は、父親にいやおうなしに威厳を与える特殊なものだったからである。

● 父親は家族の統率者

日本において、家族制度が法的に整備されるようになったのは、明治時代のことである。

明治4（1871）年に、まず**戸籍法が制定**された。

家族はこの法律によって、ひとつの「戸」としてみなされるようになり、父親には「**戸主**」という一家を代表する役割が与えられることになったのである。

戦前の家族写真。父の権威がにじみ出ている

つづいて、明治31（1898）年には、旧**民法の家族法**が施行された。家族法は、婚姻や養子縁組、相続といった事柄について定めた法律で、**重要な場面では必ず戸主の決定が必要**とされた。この法律によって、戸主は名実ともに**一家の統率者となった**のである。

それでは、戸主である当時の父親たちほど

のような力を持っていたのか。

たとえば、父親は**家族の結婚に同意を与える権限**があった。

現代では、結婚といえば好き合った当人同士が決めることだが、戦前は違った。父親は、娘や息子の結婚相手が気に入らなければ、結婚話を破談にすることができたのである。

また父親は、**家族の居住地を指定する**こともできた。

自分の好む場所に引越すのは、現代では当たり前のことだが、戦前はそれができなかった。引越しにも父親の許可が必要だったのである。

さらに父親は、いうことを聞かない者には「**勘当**」という怒りの鉄槌を下すこともできた。

勘当とは、勝手に結婚したり、引越しをするなどした者を戸籍から外す行為のことで、勘当された者はその後、他人同然に扱われてしまう。この制裁は、自活する手段のない者にとっては、非常に大きなプレッシャーになったはずだ。

これらの権限によって家族における父親の威厳は、いやおうなしに高まった。逆らうと怖い、いや、それ以前に**逆らうことができない**、それが戦前の父親像だったのである。

それでは戦前の父親がどれほど偉かったのか。

ある戦後生まれの知人から、次のような話を聞いたことがある。

その知人の実家は、戦後になって没落した旧家だったそうで、一家には齢80を超えた祖父が、

太宰治（左）や二葉亭四迷（右）も勘当の経験者

依然、**カミナリ親父として君臨**していたという。

その祖父はとにかく厳しい人物だったそうで、非常に口うるさく些細なミスも見逃さない。誰か意見するような者があれば、烈火のごとく怒り狂った。家族はまるで腫れ物にでも触るかのように、祖父を丁重に扱ったという。

それが顕著に表れたのが食事の光景だった。現代であれば、家族で食卓を囲むと同じ物を食べるのが当たり前である。だが、祖父の存命中は、まるで違った。

まず、食事は祖父が箸をつけるまで家族の者は食べられない。また、財産があった頃の名残か、祖父は贅沢な物を好み、家族がイワシをつついているようなときでも、ひとりだけ立派なタイを平らげる。**実に封建的で重苦しい空気**だったと、知人は語ってくれた。

もちろん、この話はあくまで極端な例であり、ほとんどの家庭ではこうしたあからさまな差別はなかったはずである。だが、そうしたことが許されるほど、戦前の家族は戸主を頂点に、小さな縦社会を形成していたという

ことだろう。

●戸主の義務

もちろん戸主は、ただ威張りちらしていたわけではない。強い権限を持つ代わりに、**家族を養う義務**があったのである。

戸主の責任は大きく、家族の教育を受けさせる義務や、家族の徴兵に応じる義務も課されていた。子供が小学校に通わなかったり、徴兵検査を逃れたりすれば、**責任を問われるのは戸主**だったのだ。

こうした戸主の地位と一家の財産は、**原則として長男が引き継ぐ**決まりだった。

そのため、父親が早く亡くなったりすると、長男が戸主となり、母親や兄弟の面倒をみなければならなかった。戦前は、兄が弟や妹の学費を負担したり、兄夫婦と独身の弟や妹が同居していたなどということはごくごく当たり前のことだったのである。

また長男がいない場合は、長女など年長の者が戸主となった。

たとえば、作家の**樋口一葉**は、父親に先立たれて17歳の若さで戸主になった。一葉の家には、もともと2人の兄がいたが、長兄は早逝し、次兄は勘当されていたため、一葉が戸主にならざるを得なかったのである。

樋口一葉

現代ならば高校に通っているような年齢で一家の大黒柱になった一葉は、ものを書いたり、雑貨屋を開いたりして懸命に家計を支えようとした。だが、積年の借金もあり、暮らしは困窮を極めた。小説『たけくらべ』で名声を得たものの、一家の状況は変わらず、一葉は肺結核にかかり、24歳で亡くなっている。

● 戦前の家族制度の意義

戦前の家族制度では、**「家の存続」が第一**に考えられた。

そのため、家督を継ぐ男子のいない家では、養子縁組をしたり婿養子をとったりすることが頻繁に行われていた。吉田茂や山本五十六など、養子の出の著名人も多い。

また、家督相続者以外の者に、同じ名字で新しい家を持たせる**「分家」**という制度も設けられていた。現代でも、長男の家系を本家、それ以外を分家などと称する場合があるが、戦前では法的に認められた制度だったのである。

これらの家族制度は、江戸時代の武家の家族制度を踏襲したものだった。

そのため、制定当初から**「時代遅れ」**だとして反対する意見もあった。

旧民法の起草に携わった明治を代表する法学者、梅謙次郎自身も「家族制度は封建の慣習であって到底、今日の社会に伴わないので、二、三十年後には廃止すべき」と主張していたほどである。

だが、一部の学者以外は、反対を唱えなかったため、旧民法は施行された。

もともと父系社会だったせいか、明治の終わりに作られた封建的な家族制度は、日本の社会によく根付いた。政治や社会の制度は、国民の批判を受けるたびに、少しずつ改変を重ねてきた。

しかし、日本が変わり行くなかでも、この家族制度は**長く放置されたまま**だった。封建的な家族制度が見直され、廃止されるようになったのは、**戦後になってからのこと**である。

戦前の結婚生活の実態

【離婚に事実婚…お嫁さんは大変だった】

● 戦前は早婚だったというのは間違い

戦前は早婚だったと思われている。だが意外とそうではなかった。

「昔は、13、14歳で嫁に行くのも珍しくなかった」

というような話は、**明治も初期の頃まで**のことであり、明治31（1898）年に施行された民法では、15歳未満の女子の結婚を禁じている（男性が結婚できたのは17歳以上から）。

「戦前の女性は、十代で結婚するのが普通だった」

というのも**誤解**である。

明治初期はたしかに婚期は早かったが、その後になって晩婚化が進み、昭和15（1940）年頃には、**男性28歳、女性24歳が初婚の平均年齢**だった。現在と比べてもとりわけ早かったというわけではないのである。

明確な統計はないものの、結婚の方法はほとんどが見合い結婚だったと思われる。

恋愛結婚もあるにはあったが、先に述べたように、戦前は婚姻に戸主の同意が必要だったので、

勝手な結婚は事実上許されていなかった。農家の場合は、見合いの機会さえなく、親同士の話し

合いで決まってしまうこともあったという。

しかし、戦前の若い女性がみな、親のいいなりになって結婚していたか、というとどうやらそ

うでもないらしい。たとえば、戦前に発行された女性雑誌『主婦の友』の昭和8（1933）年

3月号には「**婦人の結婚難を解決する方法**」と題して、次のような記事が掲載されていた。

　結婚難は、年と共に深刻化して行くようですが、これは日本ばかりでなく、世界共通の悩み

だと言われています。

　これにはいろいろの原因もありましょうが、配偶者選択の範囲が著しく広くなって来たこと

も一つの原因であります。

　昔は、同じ村の人とか、親類知人の範囲内で配偶者を選んだのですが、今日では交通や通信

の便が開け、新聞雑誌で世間を見る眼も開けて来ましたので、そんな狭い範囲の選択だけでは

満足できなくなりました。つまり、言えば理想が高くなったのです。

　〜中略〜

この頃のお嬢様方に、結婚の理想を訊ねてみますと、何よりもまず生活の安定が第一の条件になっています。

たとえば、月収百円以下では困るとか、多少の財産がなくてはいけないとか、贅沢をしたいとは思わないが、たまには芝居を観たり温泉に行ったりするくらいの余裕が欲しいとか、そんなことがかなり重要な条件に挙げられております。

『婦人之友』(昭和8年3月号)では披露宴におけるテーブルマナーも解説。戦前の披露宴でも洋食が人気だったようだ。

「月収百円」は、現在の価値にすると「月収35万円」くらいになるだろうか。

『婦人之友』は、戦前に100万部近くの発行部数を誇った、人気婦人雑誌である。特別裕福な層ばかりが読んでいたわけではないので、この記事は、**ごく一般的な女性読者を対象にしたもの**だったのだろう。

「結婚=生活の安定」とはなんだか寂しい気もするが、この記事からは現代にも通じる女性の本音が読み取れる。

当時の女性には、相手を選ぶ権利がまったくないわけではなかった。見合い

という形ではあったものの、相手のことをしっかり吟味していたのである。そして、結婚相手の条件が年々厳しくなっていったというのが、晩婚化したひとつの要因だったのだ。

●意外に多かった離婚

意外にも戦前の日本では、離婚がけっこう多かった。

統計などを見ると、明治の中ほどまでは**異常なほど離婚率が高い**のである。

明治16（1883）年の離婚率（人口1000人あたりの離婚数）は、3・39だった。離婚が急増したといわれた平成14（2002）年でも2・30なので、その数値の高さがわかるだろう。

離婚率はその後も高い数値で推移し、明治30（1897）年になっても2・87もあった。しかし、それ以降は急激に減少し、昭和10（1935）年には0・70と低い数値を記録している。

なぜ、急激に離婚率が改善されたのか？　その理由は、**明治31年に施行された民法**だった。

明治時代に限らず、それまでの歴史でも日本は離婚の多い国だったとされている。そもそも日本では、結婚を「男女が一緒に暮らす」というよりも、「**その家が嫁、もしくは婿をもらう**」と認識していたきらいがある。そのため、家に入る嫁や婿は、法的に守られることが少なく、離婚に関する煩雑な手続きも不要だったので、**嫁や婿が気に入らなければ簡単に追い出すことができ**たのである。なかでも、姑が嫁を追い出すというケースが非常に多く、場合によっては嫁を何度

昭和初期の結婚式の様子。参列者の中には、洋装のモダンガールの姿もある

も取り替えるなどということまでであった。こうした風習は、新政府が誕生しても続いたため、明治時代の前半は離婚が非常に多かったのだ。

しかし、明治31年に施行された旧民法では、「25歳未満の者が離婚するときは、"結婚を承認した者"の許可が必要」と改められることになった。

"結婚を承認した者"とは、ほとんどの場合が親である。つまり、原則として**双方の親が同意しなければ、離婚はできない**ということになったのだ。

だが、これで「嫁を追い出す」ことがなくなったのかというと、そうでもなかった。

制度には、どこかに抜け穴があるものである。簡単に追い出せるよう、**婚姻の届出に時間差を設けるようになった**のだ。

当時は、嫁や婿をもらっても一定期間は籍を入れないでおく、ということが広く行われていた。

その間は、いくら寝食をともにしていたとしても、入籍をしてないのだから法的には結婚をしていないのと同じである。気に入らないなら、いつでも追い出すことが可能だったのだ。

この方法は、「**試し婚**」や「**足入れ婚**」などと呼ばれ、戦前を通じて行われていた風習だった。

大正9（1920）年の調査によると、夫婦全体の17％がまだ婚姻届を提出していない「足入れ婚」状態だったという。

これらのことから、戦前の実質的な離婚率はかなり高かったことが推測できる。

現代の会社でも、本採用前の社員を試用期間と称して働かせることがあるが、花嫁の試用期間とはぞっとしない話である。もちろんこうした悪習は、戦後になってほぼ根絶されている。これから婚期を迎えるという方は、どうか安心してご結婚いただきたい。

【戦前のお婿さんにしたい職業第1位】

サラリーマンはエリートだった!?

● 戦前もいたサラリーマン

近頃、**サラリーマン**といえば、あまり良いイメージの言葉ではなくなった感がある。よりスマートで、いかにも仕事ができそうな「ビジネスマン」という言葉が台頭したせいもあるが、サラリーマンと聞くとなんだか**泥臭く、力任せの印象**がある。今日、胸を張って、自分はサラリーマンだ、といえる人は少ないのではないだろうか。

だが、戦前の日本では違った。

サラリーマンという言葉には、**選ばれた者だけが持つ、特別な輝きがあった**のである。

我が国に会社員が登場したのは、近代になってのことだった。明治以降、国策によって多くの銀行や企業が作られるようになった。それと同時に、そこで働く会社員が生まれたのだ。

戦前の会社員というと、昔ながらの丁稚や番頭といったものをイメージしがちだが、実際は違

う。当時の最先端をいく知識や技能を持つ、大学や専門学校（現在の私立大学）の卒業生が会社員になった。彼らは当初、**俸給生活者**などと称された。それが、大正になるとサラリーマンという和製英語で呼ばれるようになった。サラリーマンの歴史は、意外と古いのである。

しかし、戦前のサラリーマンと現代のサラリーマンでは、意味合いが少し違う。戦前のサラリーマンは、**あくまで事務職**を指し、肉体労働に従事するブルーカラーはサラリーマンではなかった。現代ではその定義はあいまいだが、かつては明確に区別されていたのである。

そのため、当時はサラリーマンになれるのは、ほんの一握りの者だけだった。

昭和5（1930）年の国勢調査における職業別人口によれば、サラリーマン層の「事務・技術・管理関係職種」は、**およそ215万人**だったが、**全体に占める割合はわずか7％**だった。サラリーマンはエリートの代名詞だったのである。

そのため、**当時のサラリーマンは女性にモテた**。昭和2（1927）年にある結婚紹介所が行った調査によると、未婚女性に聞いた結婚相手の理想の職業は、**1位が会社員・銀行員**、2位が公務員、以降が医師、実業家の順となっていた。

サラリーマンに人気が集まった理由は、なんといっても**給料の良さと、安定性**であった。

昭和4年頃、日本石油や日本郵船といった大企業では、課長クラスで年収1万円くらいだった。当時の一世帯あたりの平均年収は800円足らずだったので、平均の10倍以上の収入があった。当時の

昭和初期のサラリーマン。エリートの代名詞だった

たのである。現在の貨幣価値に換算すれば、**年収5000万円**ほどになるだろうか。

三井や三菱といった大財閥直系の企業になると、さらに高い報酬だった。三井の重役のなかには、ボーナスだけで40万円ももらっている者もいた。現代の価値にすれば、**20億円**。なるほど、これは結婚相手に選ばれるわけである。

この調査では結婚したくない職業も調べている。ワーストから音楽家、記者、美術家、地主、家主。不安定な職種ほど嫌われる傾向にあったようだ。地主や家主は、当時、社会的に糾弾されることが多かったので敬遠されたのだろう。

● 丸の内サラリーマンのランチタイム

現在でも、昼食といえば会社勤めの楽しみのひとつである。これは戦前も変わらなかったよう

昭和２年の丸の内ビルディング。地上９階、地下１階に様々なオフィスが入っていた

で、当時も丸の内のサラリーマンたちは、**美味いもの探しに余念がなかった**ようだ。

昭和８（１９３３）年発行の『大東京うまいもの食べある記』という本によると、昭和８年当時、丸の内には１万人以上のサラリーマンがおり、**サラリーマン向けの飲食店が軒を連ねる食の激戦区**だったという。

それでは、当時のサラリーマンはどんなものを食べていたのか。その内容を少し紹介しよう。

『大東京うまいもの食べある記』では、日本で最初の本格的なオフィスビル、丸の内ビルディングの中にある飲食店を紹介している。たとえば「吉野ずし」という寿司屋では、にぎりずしが25銭、まぐろずしが30銭、ちらしが30銭で食べられた。味も悪くないとある。

当時のサラリーマンの平均月収は１００円前後だったので、25銭のにぎりずしは月収の０・25％である。

現在のサラリーマンの平均月収が35万円強なので、そ

の0・25%というと900円くらいになる。

「布袋」という大衆食堂では、定食が25銭、カレーライスは20銭、玉子丼25銭、朝食10銭。日本料理店の「竹葉」は、高給サラリーマン向けで、うなぎ定食の並が1円50銭、上は2円、日本料理定食は並が1円で上2円だった。現代の価値に換算すると、うなぎの並定食がおよそ5000円、上定食が7000円となる。ここには鍋料理もあり、かき50銭、鶏70銭となっている。

森永キャンデーストアでは、森永の菓子店の奥に、洋食を出すコーナーがあり、ランチ35～50銭、パン付きのマカロニが30銭程度で食べられた。現在の貨幣価値で、1200円から2000円くらい。人気があったらしく、昼時は席の奪い合いになるとのことである。

菓子店の明治屋では、喫茶部があり10銭でコーヒーが飲めた。現在の貨幣価値で350円。「本当のコーヒーファンには余り評判が芳しくないけれど、まあコーヒーでも飲もうかといった連中には割に苦くないのでかえって好かれます」とある。

当時の丸の内ビルには西洋料理の精養軒も入っており、「重役級の昼食をとるところ」とされている。昼の定食は1円40銭、夕食は2円。現在の貨幣価値にすれば、5000円から7000円。ある日の昼食の献立では、鮮魚のバター焼き、仔牛のフライ、マカロニハムチーズ焼き、パン、バターに冷菓のデザートとフルーツまでついていた。

さすがは、エリート。なかなかいいものを食べていたのだ。

憧れのマイホーム

【いまと変わらぬ高嶺の花の住宅事情】

● 戦前の住宅事情

戦前の都市生活者は、そのほとんどが**借家住まい**で、家を持っている人は全体の2割程度だった。民家の大半は平屋か2階建てで、アパートのような集合住宅もあったが、鉄骨の3階建て住宅などはまだ珍しかった。下町に目を向けると、昔ながらの棟割長屋も目についた。

しかし、大正時代に入るとサラリーマンを中心に、少しずつ家を買おうとする動きが出てくる。

当時の雑誌でも「借家が得か、マイホームが得か」といった、お馴染みの特集がよく組まれた。

戦前の都市生活者にとっても、**マイホームが大きな憧れ**になってきたのだ。

それでは、昭和初期にマイホームを建てる場合、一体いくらかかったのだろうか？

戦前のサラリーマンの実生活を書いた本『月給百円サラリーマン』（岩瀬彰著・講談社現代新書）によれば、昭和5（1930）年当時、西荻窪駅から徒歩4分の土地が1坪30円だったと

戦前のモダン住宅。すでにこんなにおしゃれな家が建っていた

いう。現在の価値でいうと、**1坪10万円前後という破**

格の値段である。

ちなみに現在、同じくらいの立地だと1㎡あたり約62万円の評価額となっている。地価は戦後になって飛躍的に上昇したといわれているが、戦前はかなり安かったのだ。

そのため、家を建てる場合は、むしろ**建築費の方が高くついた。**

同じく昭和5年の頃には、建坪30坪で2400円程度の費用をかければ、3LDKで風呂付きのモダン住宅ができあがった。建築費は1坪あたり80円程度かかっている計算である。

これらの事情を加味すると、戦前の東京で敷地面積60坪の土地に、建坪30坪の家を建てようとすれば、おおむね4000円前後のお金が必要だったことになる。当時のサラリーマンの平均月収は100円前後

だったので、**年収の4倍程度でマイホームを持てた**のだ。

もしも現代で同じような家を建てようとすれば、まず平均年収の10倍では済まない。当時のマイホームは、**今から見るとかなり割安**だったのである。

●マイホームは高嶺の花

しかし、だからといってマイホームが簡単に手に入ったわけではない。

マイホームを手に入れるためには、数々のハードルを乗り越える必要があった。

まず、**一番の問題は資金**だった。

現代では家を購入する場合、35年などの長期のローンを組むのが普通である。だが、当時はそれがなかった。昭和4年の平均寿命が男50・94歳、女51・20歳。今よりもずっと平均寿命が短かったので、そもそも長期ローンに堪えられるだけの信用力がなかった。したがって、**ローンを組めても10年や15年**で、月々の返済で家計が立ち行かなくなることになってしまう。

また、悪質業者の問題もあった。

当時はまだ、個人向けの住宅産業が整備されていなかったため、**詐欺まがいの悪質業者が暗躍**していた。「駅から10分」と謳った分譲地が車で飛ばして「駅から10分」だったり、建築費を業者に持ち逃げされるケースもあった。資金の都合がついても、安心はできなかったのである。

原宿表参道の同潤会アパート。震災の影響を受けて耐震性を備えていた

こうした状況を受けて、国も徐々に住宅環境を整えはじめた。

大正10（1921）年には、**住宅組合法**という法律ができ、7人以上で住宅組合を作れば、府や県から年利4%程度で20年返済の融資を受けることができた。

また、関東大震災後になって、国は**同潤会**という財団を作り、良質な住宅の普及に乗り出した。同潤会は、サラリーマンや職工といった中流層向けの住宅の供給を目的に設立され、有名な同潤会アパートのほか、広くて安い分譲住宅を5000軒以上建てている。

とくに同潤会のアパートは設備がよく非常に人気があり、当時の最先端の技術を盛り込んだ大塚女子アパートなどは、職業婦人たちにとって羨望の的だったという。

●高級住宅地、田園調布の誕生

大正時代くらいから郊外で大規模な住宅開発がされるようになった。その先駆けとなったのが、現在、高級住宅地として名高い「田園調布」なのである。

田園調布を住宅地として開発しようと考えたのは、日本の資本主義の父とも称される、**実業家の渋沢栄一**である。渋沢は、欧米の田園都市に強く惹かれていた。

「自然のない都市環境では、人間の心身の健康に悪影響を及ぼし、道徳上の弊害が生じたり、精神衰弱患者を増やすことになる」

19世紀から20世紀にかけての欧米では、自然回帰主義的な発想が起こり、都市の中に自然公園を作ったり、田園の中に都市を作ったりするようになった。それを見た渋沢は、同じものを日本にも作ろうと考えたのだ。

大正7（1918）年、**田園都市株式会社**という会社が渋沢によって作られる。

田園都市株式会社は、東京近郊の田園地帯に、計画的に都市を建設するという目的をもっていた。具体的にいえば、**東京近郊の田園地域を開発し、分譲地として売り出す**、ということである。

この会社のターゲットとなった地域が武蔵野の風光明媚な地域であり、「田園調布」だったのだ。

この田園都市計画には、田園にいながら最先端の都市生活ができる、というコンセプトがあっ

駅を中心に放射状に広がる田園調布の町並み

た。まだ普及率が低かった**電気、上下水道、ガスな**
どを整備し、小学校、幼稚園の用地も確保されていた。
また公園や遊園地の造園も計画的に作られた。都市部
に通勤、通学ができるように**電車も走らせた**。住宅地
には駅を中心にして放射状に道が通っており、どの家
からも駅までが最短距離に近い道で結ばれていた。

この田園分譲地は、ちょうど都心部が壊滅的被害を
受けた関東大震災の直後だったこともあり、売り出し
3カ月で予定の半分以上が売れたという。

田園調布以降、東京近郊は相次いで住宅地として開
発されることになった。

関東大震災以降、人々は郊外に住居を求める傾向が
強くなったこともあり、小田急や西武線の前身などが
相次いで開通し、田園調布に倣って各社が沿線を住宅
地に開発した。その結果、現在にいたる「電車通勤」
「ラッシュアワー」が生まれることになったのである。

百万部のお化け雑誌『キング』

【驚異の部数を誇った大衆誌】

● 初めて大台を超えた『キング』

出版不況が叫ばれる昨今、100万部は夢の数字である。最近では、雑誌の休刊や廃刊といったニュースが報道される機会も多いので、その辺の事情は読者の方もご存知のことだろう。

どちらかというと暗い話題の多い出版業界だが、戦前はずいぶん華やかだった。当時の日本には、怪物的な発行部数を誇った雑誌があったからである。

その雑誌の名は、**大日本雄弁会**（後の講談社）が発行した『**キング**』。日本で初めて、**100万部の大台を突破した雑誌**である。

『キング』が創刊されたのは、震災の傷跡が残る大正14（1925）年だった。

発行元はよほど自信があったらしく、予定部数は最初から大台に乗せるつもりだった。しかし、取引先から「売れるかわからないのに、100万部は無謀すぎる」との声が挙がる。当時、一番

144

戦前のお化け雑誌『キング』

売れていた『主婦之友』でも24万部だったので、たしかに100万部は勇気のいる数字である。

取引先の意見を聞き入れ、『キング』は部数を大幅に引き下げた。

しかし、ふたを開けてみれば、『キング』は絶好調だった。雑誌は売れに売れ、増刷に次ぐ増刷がかけられる。創刊号は**最終的に74万部まで刷る大ヒット**を収め、国民的雑誌の登場を印象づけたのだ。

快調に滑り出した『キング』は、その後も順調に部数を伸ばし続けた。創刊から2年後には大台を軽く飛び超え120万部。翌年はさらに伸ばし、**150万部を記録**した。

当時の日本の人口は、およそ6000万人。人口が倍になった現在、もしも当時の『キング』があったとすれば、300万部を発行していた計算になる。まさに怪物的な雑誌であった。

● 『キング』を作った男

この『キング』を作ったのは、野間清治という、東京帝国大学出身の元教諭である。

彼は優れたアイデアマンで、当時、「演説」が社会的に流行しているのをみるとそれを誌

野間清治

上で再現して、明治43（1910）年に雑誌『雄弁』を創刊。そして、翌年には、庶民の間で「講談」が流行していることに目をつけ、同じく雑上で講談を再現した雑誌『講談倶楽部』を発行した。

『雄弁』と『講談倶楽部』は、またたくまに日本有数の雑誌となった。

野間は、その勢いに乗って、子供向け雑誌『少年倶楽部』『少女倶楽部』、婦人向け雑誌『婦人倶楽部』を相次いで創刊。それらも大当たりし、出版元である大日本雄弁会は、日本を代表する雑誌出版社に成長した。

これらのアイディアの集大成といえるのが、『キング』なのである。

まず野間は、その値段をおどろくほど安く設定した。『キング』は1冊50銭。『中央公論』や『改造』など、競合するライバル誌が1円以上で売られていたので、半額以下の値段だった。この低価格が実現できたのは、大量の広告を掲載したことが要因だった。

また、発売キャンペーンも大々的に行った。創刊時には、書店に赤い幟（のぼり）を立て、チンドン屋を練り歩かせた。新聞広告も大胆に利用し、大手新聞各紙に一面広告も掲載した。

『キング』の最大の特徴は、"大衆路線"である。

これまで本や雑誌を読まなかったような人々を読者として取り込むため、小難しい議論は排除し、誰もが興味を持つ社会的な話題や気軽に読める人情話、歴史英雄伝などを載せたのだ。かの**吉川英治**もこの雑誌で流行作家になったのである。

そのほか、"大衆路線"との狙いから、**本文にはルビを振り、イラストを多用**したため、漢字を知らなくても読むことができた。男性だけでなく、女性や子供も楽しめる誌面づくりをしていたのである。

また、『キング』には、その頃流行していた左翼的な話題が少なく、思想的な記事もなかったため、軍部も安心して兵士に読ませることができた。『キング』は**軍公認の雑誌**だったのだ。

「私の中隊百数十名はことごとくキングの愛読者です。昼夜にもわたる厳しい演習の後でもキングに目を通すと不思議なほど疲れも癒えてしまいます。中隊で許可を受けずに読める本はキングだけです」

兵士からこういうファンレターが来ることも多かった。

『キング』は日本に初めて登場した **"大衆の娯楽雑誌"** だといえるのだ。

戦前、一世を風靡したキングではあるが、戦後はラジオやテレビなどの娯楽の多彩化によって、苦戦を余儀なくされた。発行部数は全盛期の半分以下に落ち込み、昭和32（1957）年には廃刊している。

【消費をレジャーに変えた立役者】

戦前のデパート文化

●デパートはレジャーランド

「**お母さんにデパートに連れて行ってもらう**」

と聞くと、ある年代の人にとっては、甘美な響きがあるのではないだろうか。

街のスーパーとは違って、デパートにはなんでもある。

おもちゃ売り場でおねだりをして、レストランでお子様ランチに舌鼓。買い物がすんだら、屋上のゲームコーナーでひとしきり遊ばせてもらった。子供の頃は、デパートと聞いただけで、不思議と心が弾んだものである。

それは、戦前の人々にとっても同じだった。

なぜならば、**日本のデパート文化は、戦前の時代に形作られたもの**だったからである。

ためしに、昭和10年代のデパートの様子を見てみよう。

昭和初期の日本橋の様子。橋の先にあるひときわ大きな建物が日本橋三越

当時を代表するデパート、**三越本店**はこんな感じだった。

建物は、アールデコ調の洒落た外観で、館内にはエレベーターやエスカレーターがあり、夏は冷房も効いていた。中央は1階から6階まで見事な吹き抜けになっており、パイプオルガンが置かれ、ステンドグラスのトップライトが照らす宮殿のような豪華な雰囲気である。

建物の5階と6階には、合わせて1000人を収容できる巨大なレストランがあり、カレーライスやチキンライスといった洋食のほか、お子様ランチやココア、アイスクリームといったものまでおいていた。

また、座席数約700の本格的な劇場「**三越ホール**」もあり、7階には各種催し物が行われているギャラリー、屋上には展望室がついた庭

149

園まで設けてあった。

こうしてみると、現代のデパートとほとんど変わらない。むしろ、その**豪華なイメージは現代以上のものがある**かもしれない。当時は娯楽の類が少ない時代である。戦前の人々にとっても、デパートに行くことは大きな楽しみだったに違いないのである。

●日本の小売業を変えたデパート

デパートが本邦に初めて登場したのは、明治時代のことだった。

明治38（1905）年、呉服店最大手の三越が、「当店は米国のデパートメントストアの一部を実現する」と、主要新聞の広告で謳ったことがはじまりとされている。

デパートの登場は、日本の小売業の形態を大きく変えた。

それまでの日本の小売店は、**特定の品物だけを扱う専門店ばかり**だった。その販売方法は独特で、店に行っても商品が陳列してあるわけではない。客は自分の欲しいものを店員に伝え、それに見合ったものを店員が奥から持ってくる、という実に回りくどい方法をとっていた。

しかも、**商品には値札がない**。店員は客によって値段を上下し、お得意さんには安く、一見さんには割高で、ということが公然と行われていた。

昭和初期の大阪の心斎橋大丸店の売り場。現代よりもむしろ豪華な印象である

しかし、デパートの登場によってそれは変わった。

デパートでは、様々な種類の商品を陳列しており、値札もきっちりつけられている。客は**自分の目で商品を吟味し、懐事情に合ったものを購入**できるようになったのだ。

その後、東京銀座の松坂屋でもある変革が起きた。

松坂屋は関東大震災の復興を機に、畳敷きの売り場をやめて、**土足のまま入ることのできるフロアに改装**したのである。それまでの日本のデパートや小売店は、玄関先で履物を脱ぎ、中に入ることになっていた。当時は、まだ大部分の道路が未舗装だったため、雨が降れば地面がドロドロにぬかるんだ。土足で入店を許せば、店内は汚れてしまうのだ。

しかし、客足が増えるにつれ、履物を預かりきれなくなった。また、震災の復旧に併せて道路の拡張工事もはじまったため、西洋式に土足で入ることのできる店舗に改装したのである。

こうした新しい要素に満ちたデパートは、**またたくまに日本を席巻**した。昭和6（1931）年の時点で、10万人以上が住む全30都市のうち24都市に、営業面積500坪以上のデパートが作られていた。

●日本型デパートの特色

日本のデパートには、欧米のデパートにはない独自の文化がある。

それは、**家族連れで買い物をする**、ということである。

昭和初期にパリのデパートを調査した三越社員のレポートでは、「デパートの客の99％は婦人客であり、日本のように家族連れでくるのはクリスマスのときくらい」だと報告している。また、当時のヘラルド・トリビューン紙（世界各国で読まれていた国際紙）の記者も、日本のデパートが家族全員を顧客としていることに驚いた、などと語ったという。

このことからわかるように、欧米においてデパートとは、単純に買い物をするためだけの場所だった。しかし、日本の場合は違った。日本のデパートには、買い物以外でも家族で楽しむことができる、様々な趣向が用意してあったのである。

昭和11年頃のデパートの屋上庭園。すでにこんな乗り物まであった

その代表的なものが、**屋上の遊技場とレストラン**であろう。

屋上の遊技場の起源は、三越にあるといわれている。

三越は明治40（1907）年に、デパートの屋上に休憩所を作った。休憩所には、噴水と池があり、その周囲を緑で取り囲んでいた。これが大変な評判を呼んだため、他のデパートも屋上庭園を作るようになった。

大正14（1925）年には、松坂屋銀座店の屋上に、**動物園が出現**。園内には、ライオンやヒョウといった猛獣までいた。昭和6（1931）年に開業した松屋浅草店は、屋上に**スポーツランド**と称する施設を作った。内容は現代のゲームコーナーとよく似た作りで、以後、屋上のゲームコーナーが急速に広まって

いったのである。

デパートのレストランを最初にはじめたのは、**白木屋**（現・東急百貨店日本橋店）だった。

当初はソバやしるこ、寿司などを売る出店のようなものだったが、明治44（1911）年に100人を収容できる大食堂に改装。ここでは定食や和菓子、サンドイッチやコーヒーなどを食べることができた。その後、白木屋の成功にならって、各デパートも食堂を設けるようになった。

それがデパートの名物となったのである。

スキヤキに代表されるように、西洋から入ってきたものにアレンジを加え、独自のものに作り変えるのは日本のお家芸である。

いまでも日本の文化として残り、休日になれば大勢の家族連れが訪れるデパートは、その**最高傑作のひとつ**といえるかもしれない。

【戦前のスーパースターの実像とは？】

元祖タレント犬「忠犬ハチ公」

●日本の元祖タレント犬

テレビの世界では、「**子供と動物は数字が取れる**」などというジンクスがあるらしい。

ここでいう「**数字**」とは、もちろん視聴率のこと。子供と動物を番組で使えば、それだけで多くの視聴者に見てもらえるということなのだろう。

たしかに子供と動物にはあらがいがたい魅力がある。無垢なものだけが持つ輝きといおうか、天然の愛嬌といおうか、そこには作り物にはない意外性が満ちている。テレビを見ていて、彼らの愛嬌たっぷりな仕草に当てられ、思わず目じりが下がっていたなどという経験をお持ちの方も多いのではないだろうか。

だが、これらは何もテレビが登場してはじまったことではない。

テレビなどない戦前の日本でも、すでに**偉大なタレント犬が誕生していた**のである。

その犬の名は「ハチ」。映画にもなった、あの「忠犬ハチ公」である。

忠犬ハチ公は、大正12（1923）年に秋田県大館地方に生まれた秋田犬（昭和6年に天然記念物に指定）だった。生後しばらく秋田で過ごした後、秋田犬を探し求めていた東京帝国大学の農学博士・上野英三郎教授の元で飼われることになった。東京に居を移したハチは、犬好きの上野教授に可愛がられ、幸せな毎日を送っていた。

しかし、その幸せは長く続かなかったのは、この頃だという。大正14（1925）年5月、上野教授が勤務中に倒れ、そのまま息を引き取ってしまったのである。

その後、ハチはいくつかの家をたらい回しにされた後、教授宅に出入りしていた植木業者に引き取られることになった。しかし、ハチは教授の死を理解できなかったのか、教授の帰宅する時間になると、渋谷駅で亡き主人の帰りを待つようになる。

昭和7（1932）年、ハチの運命を変えるような出来事があった。

渋谷駅に佇むハチの姿をレポートした「**いとしや老犬物語**」が東京朝日新聞に載ったのである。記事では、人々に邪険に扱われながらも、なお健気に主人を待ち続ける姿が描かれていた。この記事を読んだ人々はその忠義心に感動。**ハチは一躍人気者**となり、渋谷駅の人々にもかわいがられるようになったのだ。

●銅像になったハチ

そして、その2年後の昭和9（1934）年、**ハチ公は銅像になった。**

当時の新聞は、ハチ公像が完成したことを「銅像に輝くハチ公の姿」と題して次のように報じている（東京朝日新聞、昭和9年4月22日夕刊）。

晩年のハチ公

渋谷駅頭のハチ公の銅像が出来上がってその除幕式が二十一日午後一時から行われた。駅前はハチ公ファンの少年少女や乗降客などで身動きも出来ぬくらいの人出、主人公のハチ公は紅白の布を身に飾られて怪げんそうにこの有様を見ている。同駅貨物ホームに設けられた第一式場でまず板垣農大教授の挨拶があり、神主の祝詞があって、吉川渋谷駅長が銅像建設までの経過を報告した後、除幕に移り故上野博士の令孫久子（一二）さんの手で幕がとられ、亡き主人を待つ銅像のハチ公の姿が現れると、群集は今更のごとく感激にどよめいた。外務省では諸外国に伝える

ためこの情景をトーキーにおさめ、午後二時式を終わったが、この日渋谷駅で記念スタンプを発行するし付近の商店ではハチ公せんべいを始めハチ公と銘うった売り出しに景気を添えた。

この記事にもある通り、除幕式には**ハチ公自身も参列**している。

生前に銅像が作られるとはなんとも奇妙な感じがするが、実は、当時の渋谷駅周辺には、ハチ公人気に便乗するかのように、怪しげな人物が出没するようになっていた。

その中には、「ハチ公の銅像」を作るためだと称して、募金を集め回っている詐欺師のような輩もいた。そうした詐欺まがいの行為をやめさせるために、戦前を代表する彫塑家の安藤照によって**前倒しで初代ハチ公の銅像は作られた**のである。

銅像ができてからというもの、渋谷駅周辺では、その人気に便乗するかのようにハチ公グッズが次々と売られた。ハチ公に似せたおもちゃやハチ公せんべい、なかにはハチ公そばやハチ公焼き鳥、ハチ公丼など、どこでどう結びついたのか頭をひねってしまうような珍妙なものまで出回っていた。また、この頃、「**ハチ公唱歌**」なるレコードまで発売されている。

この銅像が作られた翌年の3月に、ハチ公は亡くなった。渋谷駅付近の路上で、冷たくなっているところを発見されたのだ。13年の生涯だった。

しかし、その人気は衰えることなく、ハチ公の亡骸は剥製にされ、死から2年後には国定教科

ハチ公像のお披露目。銅像をひと目見ようと、大人から子供まで集まっている

書の修身書2巻に「**見習うべき忠義犬**」として掲載された。それから50年以上を経た昭和62（1987）年、松竹映画『ハチ公物語』が公開され、時を越えて蘇ったハチ公の姿に日本中が涙する。そして、その人気は海を渡り、2008年には遠いアメリカの地で『HACHI 約束の犬』としてハリウッドデビュー。渋谷のハチ公は、**いまや世界のハチ公になった**のだ。

●ハチ公フィーバーの真相

しかし、こうした忠犬フィーバーには、早くから疑問視する声も聞かれていた。

実は、ハチ公は新聞に載る前から、すでに**渋谷駅周辺の酔客の間では有名な存在だった**というのである。なんでも、ハチ公には串に

刺さった焼き鳥を抜くという奇妙な特技があったらしく、飲み屋の酔客たちからかわいがられていたというのだ。

そのため、ハチ公が毎日のように駅に向かっていたのは、亡き主人を待っていたのではなく、**焼き鳥のおこぼれを頂戴するため**だった、などという説も囁かれていた。事実、死後に解剖されたハチ公の胃の中からは、丸呑みしたものとみられる**焼き鳥の串が発見**されている。

果たして、ハチ公の目的は主人の幻影だったのか、それとも湯気を立てる焼きたての焼き鳥だったのか。

その真相は当の本人にしかわからないが、動物を人気者に仕立て上げ、商売に結びつけようとするのは今も昔も変わらない。これは日本人が古来持つ特徴のひとつだといえるのかもしれない。

ちなみにハチ公の剥製は、2021年現在、東京上野の**国立科学博物館が所蔵**。同館を訪れれば、ハチ公の勇姿を拝むことができる。

悲劇の病気「肺結核」

【かつての"不治の病"は今…】

●戦前の死因ナンバーワン

治療法が確立した現代では、**肺結核**はそれほど恐ろしい病気ではない。だが、戦前は発症すれば命とりになった。1935年から1950年まで、**肺結核は日本人の死因で1位**だった。その死亡率は高く、イギリスなどの西洋諸国と比べると、2倍から3倍もあった。

日本の肺結核は、紡績業の発展に伴い、被害が拡大するようになった。不衛生な寮と、栄養の偏った食事、厳しい労働のため、**女工たちは肺結核の餌食になっていった**のである。

支えたのは、農村からやってきた少女たちだった。労働力として紡績業を

肺結核にかかると、女工は親元に帰された。だが、帰ってきたところで親も手の施しようがない。結核は空気感染するため、患者を人目につかないところに建てた小屋に閉じ込めて、ただ死ぬのを待つ、などという悲劇もあったという。

年齢別で見ると結核の餌食になったのは、20代の若者が多かった。昭和5（1930）年の統計では、日本にいる20代のうち、3・5％もの人々が結核によって亡くなっている。

こうした状況に、国も危機感を募らせ、大正3（1914）年、**肺結核療養所の設置を決定**した。

この施設は、貧困などを理由に、充分な治療を受けられない結核患者を収容するためのもので、昭和5年には全国で16ヵ所あり、およそ2400名の患者を受け入れることができた。映画「男はつらいよ」シリーズの**渥美清**も戦前に肺結核にかかり、療養所に入っていたことがある。

昭和11（1936）年には、結核予防国民運動と称し、結核映画の上映会や講演会を各地で開催。

翌年には国内の専門家を集めて、**BCG予防接種**の研究を開始させた。

この研究の結果、予防接種の有効性が改めて確認され、昭和16年から軍需工場に就職を希望する者は、必ずBCG接種を受けることになった。しかし、すでに戦争に突入していた当時、充分なワクチンは揃わず、期待された効果は挙げられなかった。そのため、日本人はその後もしばらく、肺結核に怯えて暮らすことを余儀なくされた。結核が死の病気でなくなったのは、戦後になって、**特効薬ストレプトマイシン**（抗生物質の一種）がもたらされてからのことだった。

●下痢、狂犬病で死ぬ人も多かった

戦前は、**平均寿命が非常に短い**。

大正期のサナトリウム、鈴木療養所の様子。患者たちは大気浴をしている

昭和10（1935）年、**男性の平均寿命は約47歳、女性は約50歳**だった。

もちろん、戦前の人々が50歳前後でバタバタ死んだわけではない。**若くして亡くなる人が多かった**ため、こういう数字になったのだ。

戦前はちょっとした病気で死ぬことが多かった。

昭和10年代の死亡率は、1位は結核、2位は肺炎、気管支炎、そして3位に胃腸炎の順番になっている。胃腸炎というと、言葉を変えれば**下痢や腹痛**である。当時は抗生物質がなかったので、そういうことにもなったのである。

特に、**抵抗力の弱い子供が胃腸炎の犠牲**になった。そのため、親たちは子供が駄菓子屋で買い食いするのを嫌がった。バナナを子供に食べさせると疫痢（重篤な小児赤痢）になると信じられていたため、バナナを与えるのも躊躇した。当時は衛

生状態が今ほど整っていなかったので、親たちは子供の生活に気を配っていたのである。

また、**吸入器**という医療器具が、家庭で普及していた。

この器具は、ホウ酸入りの蒸気を喉に吹きつけるというものだったが、こうした器具が普及したのも、「**風邪や下痢をこじらせて死ぬ**」ことが珍しくなかったからである。

また戦前では、今では考えられないような病気で死ぬこともあった。

狂犬病もそのひとつである。戦前は野犬が多く、予防接種をしていない危険な犬がいたところにいた。大正13（1924）年には、**狂犬病で253名もの死者**が出ている。こうした被害に政府も対策を講じ、野犬狩りを徹底。そのため昭和に入って、狂犬病は激減している。

【第四章】熱く迷走する戦前の日本

【楽ではなかった華族の暮らし】

即席で作られた日本の貴族たち

●日本にもいた貴族階級

戦前の日本には、現代にはない特権階級が存在した。

ヨーロッパの貴族をならって作られた、**華族**である。

明治維新後、視察のため欧州を歴訪した政府の高官たちは、ヨーロッパに貴族というものがあることを知った。

欧州の貴族は代々続く名家の出身で、高い教養と洗練された社交術を身につけ、政治の中枢を担うなど社会の指導者的な立場にあった。

そのことに感心した伊藤博文ら政府高官は、日本にもこの貴族制度を導入できないものかと考えた。

維新後の日本では、公家や大名といった江戸時代の特権階級の処遇が宙に浮いたままだった。

そして、**貴族制度の導入は、まさに渡りに船**だったのである。

明治2（1869）年の版籍奉還にともない、公家142家、旧大名285家の合わ

徳川将軍家16代目当主・家達（右）と
17代目当主・家正（左）。公爵に叙された

せて427家に新しい身分「華族」が与えられることになったのである。

明治17（1884）年には、**華族令が制定され**、それまでひとつだった**華族の階級が5つに分かれる**ことになった。

爵位は、上から順に**公爵、侯爵、伯爵、子爵、男爵**に分かれ、公家や旧大名だけでなく、明治維新で特別な功績をあげた者や財界人なども爵位を賜ることになった。

ちなみに各爵位の授爵の基準だが、もっとも位の高い公爵の場合だと、藤原家の流れをくむ摂政や関白の位に就くことのできた公家の最高の家柄「**五摂家**」や「**徳川将軍家**」、その他、明治維新で特別な貢献があった「**毛利家**」や「**島津家**」などの旧大名に限られた。明治17年の華族令の時点では、あわせて11家が公爵の爵位を得ている。

2番目に偉い侯爵の場合だと、公家からは五摂家に次ぐ「清華家」、旧大名からは「旧徳川御三家」や戊辰戦争以降の時点で15万石以上を持つ家が選ばれた。代表的なところを挙げると、後に首相となる細川護熙を輩出した肥後熊本藩主の「細川家」や、金沢藩主の「前田家」、琉球国王の「尚泰王」などである。

3番目の伯爵からは、国家に特別な功績があれば、公家や旧大名以外からでも選ばれた。代表的な者では、伯爵には伊藤博文や山県有朋といった国家功労者が選ばれ、もっとも位の低かった男爵には財閥の当主なども選ばれている。

その後も華族は数を増やし、伊藤博文の伊藤家のように伯爵から公爵に位を上げる者もいた。また、政治家や軍人などで際立った功績を収めた者があらたに爵位を授かることもあった。それらの者は新華族などと呼ばれたが、公家や旧大名出身の華族たちから、**成りあがり者として差別される**こともあったという。

● **華族の特権とは？**

こうして選ばれた華族には、数々の特権が与えられることになった。

まず、華族は世襲財産と設定した財産は、第三者から差し押さえられることがなくなった。**華族を存続させるための財産が特権で守られる**ようになったのである。

また、華族には「**家憲**」を**定める権利**もあった。家憲とは、いわば家のしきたりだが、単なる決め事や規則とは違って、**法的拘束力を認めていた。**そのため、家憲に関するトラブルが法廷に持ち込まれれば、裁判官は家憲にもとづき審理を進めることになったのだ。

その他では、教育の面でも優遇された。

学習院高等科の卒業記念写真（明治43年）。下段左から6人目は院長の乃木希典

　明治10（1877）年、政府は華族の教育のために**学習院**（学習院大学の前身）を作った。華族の子女は同学校に入学することができ、**高等科まで**の進学を保障されていた。さらに、帝国大学に欠員がある場合、**華族は無試験で入学**することができた。本書ですでに触れたように、当時、帝大への入学は非常に難しかったが、華族はある意味、特別枠での入学が認められていたのである。

　また、明治22（1889）年に帝国議会がスタートすると、華族は**貴族院**の議員になることができた。公侯爵の場合は、**30歳以上の者全員**に議席が与えられ、伯爵以下の者は半数を7年毎に改選した。歳費はでなかったものの、皇族や華族にだけ認められた特権である。

　こうした数々の特権を持つ華族は、社会の規範になることが義務づけられていた。そのため犯罪

はもちろんのこと、世間に批判されるようなことは許されなかった。しかし、なかには素行の悪い者もおり、殺人や不倫、詐欺といった華族の不祥事が紙面をにぎわせることも珍しくなかった。

昭和10（1935）年には、海軍大将を務め、侯爵を賜った**東郷平八郎の孫**が家出し、浅草のカフェの女給に身をやつすという出来事があった。新聞はこの事実を2週間ほどですっぱ抜くと、

わざわざ顔写真入りで大々的に報じている。

華族の中には、世間の嫉妬ややっかみを防ぐために、進んで慈善事業などに取り組む者もいた。

しかし、それがかえって庶民を刺激することもあった。

大正11（1922）年には、同和関連の施設の建設費用を集めるため、華族の有志30人が日比谷公園で草刈などの労働を行ったことがあった。しかし、これが新聞に載ると、**わざとらしい売名行為**などと散々に非難されることになった。華族も楽ではなかったのである。

●意外と苦しかった華族の経済状況

それでは、当時の華族たちはどのような暮らしぶりだったのだろうか。

現在のイメージからすれば、いかにも貴族的な優雅な暮らしを想像する。だが、実際はそうでもなかった。華族のなかには、非常に苦しい経済状況の者もいたのである。

華族には、大きく分けて3種類あった。

加賀藩の旧藩主・前田利為の大邸宅（明治44年頃）。前田家は現在の東京大学本郷キャンパスの南西に広大な敷地を有したが、後に土地を大学に寄贈している

先祖代々天皇家に仕えてきた公家と、旧大名家、そして平民で叙爵された者である。

このうち、もっとも財産があったのは、かつて広大な領地を誇った**旧大名家**だった。

彼らは明治維新後の版籍奉還で領地を返還せられた代わりに、その石高に応じて多額の**金禄公債**が与えられた。この金禄公債は、藩主だったころの税収より少なかったが、藩士に給料を払わなくてもよくなったので、ほとんどの旧大名家は実質的に収入が増えたといわれている。

そのため、莫大な石高を有していた旧大名家などは、こぞって西洋風の大邸宅を建てるなど、貴族然とした暮らしを送っていた。

また、平民出身の華族も、財産持ちが多かった。とくに**財閥の当主**として爵位を受けたような者の財産はおどろくべきものがあり、意外と

質素な実生活を送っていた旧大名家以上に、**貴族らしい豪奢な暮らし振り**だった。

それにくらべて困窮したのが、**公家出身の華族**である。

彼らは江戸時代を通じて、経済的にあまり恵まれない生活をしてきたので、資産もほとんどなかった。しかも華族になったところで、大金をもらえたわけでもない。上流階級の暮らしどころか、食べていくのもやっとという華族もいたのである。

政府は困窮する華族のために、明治27（1894）年の天皇成婚25周年を機に、「**旧堂上華族保護資金令**」という制度を作った。政府が199万円の資金を拠出し、その利子を公家出身の華族に分配するという、一種の救済策だった。しかし、分配の比率が公侯爵に3、伯爵に2、子爵に1だったため、数の多い伯爵や子爵にとっては、あまり意味のないことだった。

そのため、爵位を捨てる者も出た。華族の格式ある生活に、経済状態が追いつかなかったのである。

日本の貴族制度は、太平洋戦争後に「**法の下に平等**」を謳った日本国憲法が制定されるとともに姿を消した。その子孫の多くは、今では我々庶民に混じって、市井で暮らしを営んでいる。

日本を支配した財閥

【トップの年収は数百億円!?】

●すべての富は財閥に集まる

戦前の日本を語る上で、欠かすことが出来ないのが、「**財閥**」という存在である。

財閥というのは、**特定の一族が巨大な企業集団を形成したもの**だ。

現代にもコンツェルンやコングロマリットといった企業集団はあるが、財閥がそれらと違うのは、株式をほとんど公開せず、一族経営の度合いが強かった点にある。

戦後、GHQの指令によって、数多くの財閥が解体された。

そのなかでも、とくに隆盛を極めたのが、**三井、三菱、住友、安田**の４大財閥である。

４大財閥が戦前の日本でどれほどの力をもっていたのか、そのことを如実に示すのが、終戦時のデータである。終戦時、４大財閥は、全国の会社の払込資本金のおよそ50％を占めていた。実際の資産額は、その数値よりも上だったともいわれている。つまり、４大財閥に**日本の富の半分**

が集中していたのと同じことなのだ。日本の経済の大半は、数家族の手に握られていたのである。

では、なぜこうした財閥が形成されたのだろうか。

そこには、当時の日本特有の事情があった。

幕末に無理やり開国を迫られた日本は、世界市場で対等に戦うため、西洋諸国に負けない競争力を持つ企業を作らなければならなかった。そこで幕府や後の明治政府は、**特定の商人だけを優遇して、西洋企業に対抗できる力をつけさせた**のである。

商人たちも、政府を十二分に利用した。新しい産業を興すことには協力はしたが、同時に、数々の特権をとりつけることも忘れなかった。その結果、特定の商人たちは強大な資本を持つようになり、財閥が形成されていったのである。

たとえば三菱財閥は、最初は**船会社としてスタート**した。明治初期の海運業は、外国商船に支配されていた。それに対抗するために、政府は三菱に**国が保有する大量の船舶を譲渡し、三菱の海運業を助けたのである。その結果、明治中期には日本国内の海運業から、外国企業はほとんど駆逐されたのだ。

また、明治初期には、当時の日本の主力輸出品である生糸は、海外の商社にいいように食い物にされていた。海外の商社は、はじめに高額な代金で生糸を買い取った。それにつられた全国の業者が生糸をかき集めたところで、途端に買い控える。結果、生糸の相場は大暴落し、海外商社

三菱財閥の３代目社長、岩崎久弥（手前）と後に４代目社長となる小弥太

のいいように買い叩かれていたのである。危機感を覚えた政府は、対抗策として、江戸の大商人、三井家に大手の貿易会社を作らせた。それが三井財閥の総本山「**三井商事**」のはじまりなのだ。

つまり、財閥とは**そもそも国策で生み出されたもの**だったのだ。それが政府とうまく結びつきながら肥え太っていき、昭和初期には大変な財力を持つにいたったのである。

●**長者番付を独占する**

財閥が果たして、どれほどの富を持っていたのか。

当時の長者番付をみると、その驚くべき実態が浮かび上がってくる。

昭和２（1927）年の長者番付によると、１位から８位までが三菱、三井の一族で占められていた。なかでも三菱の３代目社長、**岩崎久弥**などは**431万円もの年収**があった。その頃の大卒初任給が50円前後、労働者の日給が1、2円だったので**一般人の1万倍の年収**があったことになる。現代

■ 昭和2年の長者番付

1位：岩崎久弥 (三菱合資社長)	約431万円 (現在の価値で約500億円)
2位：三井八郎右衛門 (三井合名社長)	約339万円 (現在の価値で約393億円)
3位：三井源右衛門 (三井合名重役)	約180万円 (現在の価値で約208億円)
4位：三井元之助 (三井鉱山社長)	約178万円 (現在の価値で約206億円)
5位：三井高精 (三井銀行等の重役)	約173万円 (現在の価値で約200億円)

財閥関係者に独占された長者番付。桁外れの収入があった

のサラリーマンの平均収入は500万円前後といわれている。したがって、今の感覚では岩崎久弥の年収は**500億円**。

長者番付が公開されていた2004年度の1位の年収はおよそ30億円だったので、その10倍以上という想像もつかない高収入である。

財閥の場合は、それだけでなく、一族がみな桁外れの収入があった。

上に昭和2年の長者番付表を掲載している。

これを見ればわかるように、ベスト5のうち、**三井家が4人もランクイン**している。財閥の中枢を一族が占め、それぞれが一般人の数千倍もの収入を得ていたのだ。

当時の国民にとって、こうした状況がおもしろいはずがない。財閥は、庶民に嫉妬と羨望の入り混じった目で見られることになった。大正デモクラシー（民主主義や自由主義を求める運動）や労働運動では、財閥は糾弾の対象とされたし、二・二六事件などでも、目の敵にされた。

深編笠を被り、法廷で裁かれる「血盟団事件」の被告たち。政財界の要人の暗殺を企て、政治家の井上準之助、三井財閥の団琢磨をけん銃で殺害した。

そのため、**財閥はテロの標的になることもしばしば**だった。安田財閥の創始者、安田善次郎は大正10（1921）年に右翼の活動家に暗殺されており、三井財閥総帥の団琢磨も昭和7年（1932）に血盟団に殺されている。

財閥も世間の風当たりを気にして、慈善事業を行ったり、役員の報酬を引き下げたりしている。しかし、国民はそれでも財閥の専横を快く思っていなかった。

財閥は終戦まで生き永らえたが、戦後になってGHQの指令により解体された。

しかし、**いまだに旧財閥系のグループ企業があるのはご存知の通り**である。

かつての一族経営はみられなくなったが、戦前の日本経済を支配した財閥の幻影は今でも息づいているのである。

【残飯屋に物乞い…恐るべき貧民窟の実態】

戦前の下層社会

●残飯を食らう人々

戦前にあって戦後にはなくなったものに、**残飯屋**というものがある。

残飯屋というのはその名のとおり、残飯を売る業者のことである。現在ならば、衛生上も、人権上も許されないことであるが、戦前はれっきとした商売だったのだ。

戦前は、貧富の差が激しく都市のいたるところに**貧民街（貧民窟）**があった。貧民は昭和恐慌以降になって、急激に増殖し、東京では深川や浅草、芝、小石川、下谷、京橋、麻布、牛込、本郷、四谷、神田、赤坂といったところにスラムがあった。

そこには職にあぶれた日雇い人夫や、夫に先立たれた未亡人、両親のいないストリートチルドレンといった人々が集まり、薄汚れた木賃宿や頭がつっかえそうなほど天井の低い貧部屋で雨露をしのいでいた。

大正10年頃の東京・下谷区竜泉寺町（現・台東区竜泉）の2階建ての共同住宅。家賃は日掛けで1日8銭〜10銭。当時、この建物に40世帯、150人が住んでいた

スラム街の増加には、政府も対策に頭を悩ませていた。貧民窟は衛生的にも問題があったため、伝染病の発生源になることも多かったからである。

スラム街の実態を調査した東洋経済新報の昭和8（1933）年12月9日号によると、当時のスラムでは**四畳半の部屋に3、4人**が住んでいた。部屋には押し入れもなく、屋根はトタンで、住宅が密集していたため光が届かず、昼間でも部屋の中は薄暗かった。

また、排水設備が整っていないため、雨水が排出されずに床下にたまり、共同便所から流れる汚水や下水が一緒になって堪らない「**スラム臭**」を発していた。**現代では考えられないほど、劣悪な環境**で暮らしていたのである。

昭和4年に東京市が行った調査によると、行政の援助が必要な「細民（さいみん）（下層階級の人々）」は、およそ2万世帯で合計8万人いたという。このほかにも東京市の周辺には7万世帯、29万人の細民がいたので、**現在の東京都だけで40万人の細民を抱えていた**ことになる。

これらの細民にとって重要な食料となったのが、「**残飯**」だった。

兵営や軍の学校といった人が集まる施設では、大量の残飯が出る。この残飯を業者が払い下げてもらって、貧民窟で売りさばいたのだ。

貧民窟は、兵営や軍の学校の近辺に散在することが多いが、それは**残飯を求めて貧民が集まってきた**ということでもある。

明治26（1893）年に著された『最暗黒の東京』（松原岩五郎著）という本には、その様子が詳しく記されている。

残飯業者は、朝昼晩の3回、士官学校に行って残飯を買い取ってくる。もちろん残飯なので、まともなものではない。「あらい」と呼ばれる、釜を洗った際の水分を多量に含んだ飯や、「虎の皮」と呼ばれる焦げ付いた飯ばかりである。

残飯はあくまで余った食料なので、士官学校などの都合でその分量は変わる。日によってはまったくでないこともあった。

そんな日は、スラムの住人たちは飢えることになる。　残飯業者が大量の残飯を荷車に載せて

大正時代の終わり、東京市本所（現・墨田区）にあった残飯屋の様子

戻ってきたときなどは、大喝采で迎えられたという。

昭和5（1930）年には、東京市内には、**残飯屋が全部で23軒**あった。

そのうち3軒は慈善事業で行われており、官庁やデパート、レストランなどから残飯をもらい受け、スラムの住人に無料で提供した。その他の者は、あくまで商売であり、金を出して残飯を買い、それをスラムで売り歩いていたのである。

昭和初期の貧民窟の住人の仕事は、日雇い労働がもっとも多く、その他は下駄の歯入れ、靴直し、あんま、菓子の行商、お札売り、焼き鳥屋、保険の外交員などだった。その収入は、1世帯あたり平均して月に15円程度。現在の価値に換算すると、**おおよそ5万円**という金額だった。

そのため、食費に割ける金額に限りがある。

この頃の貧民窟では、**1日の食費は7銭が相場**だった。

7銭というと、現在に置き換えれば、おおよそ200円である。これは**1日3食を残飯でまか**なった場合とほぼ同額だったという。

● 職業としての乞食

戦前は社会福祉制度が充実していなかったため、人に金品を乞うて生活する、いわゆる「物乞い」も多かった。

草間八十吉というジャーナリストが「浅草公園における浮浪者の調査報告」というルポを残している。内容は、昭和4（1929）年頃の浅草における物乞いの生活について詳細にまとめたものである。

このルポによると、当時の浅草公園には60人前後の物乞いがいた。浅草は戦前の東京でもっともにぎわった場所だったので、人が多く集まり、飲食店なども多かった。物乞いにとっては生活しやすい場所だったのだ。

彼らは、その生活方法から、**「ケンタ」「ツブ」「ヒロイ」**に分けられた。

ケンタとは、浅草寺の周辺の階段の下などに座って、寺の参拝客から金を恵んでもらう人たちのことである。

浅草観音堂の仁王門周辺の浮浪者たち（大正14年）

ケンタは浅草の物乞いの中でも上位のグループに属しており、どこに座ればいいのか、その縄張りが仲間内で決められていた。縄張りは浅草公園内に5カ所あり、多いときでもひとつの縄張りに5人までしか〝出勤〟できなかった。当時、ケンタは50人ほどいたというが、一度に全員が出勤できなかったため、**昼夜交代制をとる**など工夫していたという。

ケンタの集団には、必然的にリーダーが生まれた。草間八十吉が調査した当時は、大隈と呼ばれる男がケンタ頭だった。大隈は浅草界隈で17年間も物乞いをしていたらしく、自然と他の者は大隈に従うようになっていたという。

このケンタのグループに入れなかったのが、ツブである。

ツブは、浅草の路上で通行人に声をかけて、

金品を恵んでもらう。

特定の場所に座り、大勢に声をかけることのできるケンタと比べて、効率が悪かった。

最後のヒロイは、浅草界隈の物乞いの最下層だった。人から何かを恵んでもらおうとすれば、それなりに気の利いたセリフを吐かなければならないし、芝居もうまくなければならない。それができない彼らは、**モノを拾って食べる**しかなかった。草間八十吉も、この「ヒロイ」が、「**もっとも悲惨な生活を強いられている**」と書いている。

戦前の日本にも、生活困窮者を支える制度はあった。

しかし、それはあくまで高齢者や病人などを援助する限定的なものであり、失業者を救護する制度はなかった。

現代社会でも貧富の差が拡大しつつある、と言われることが多い。だが、戦前の下層社会は**一条の光もささない、社会の暗部**だったのである。

【国家権力による思想弾圧の恐怖】

小林多喜二はなぜ死んだのか?

●国家による思想弾圧

これまで見てきたように、戦前の日本には、現代社会に通じる部分が数々あった。しかし、同時に現代ではまったく理解不能な、野蛮な面も持ち合わせていた。

戦前の日本には、**検閲制度**というものがあった。

第1章の「エログロナンセンスの時代」でも触れたが、ありとあらゆる表現は当局の監視下にあった。新聞や雑誌、書籍はもちろん、演劇や映画といった類まで、当局の監視の目は及んだ。

明治15（1882）年、警視庁は**劇場取締規則**という検閲制度を作り、演劇を公演する場合は、

1週間前までに警察に脚本を提出し、許可を受けることとした。許可を受けた脚本は改変してはならず、そのチェックのために劇場に警察官用の臨検席まで用意しなければならなかったのだ。

こうした検閲制度で、当局が特に目を光らせていたのが、*"革命"*や*"皇族や華族に対する批判"*

に結びつくものだった。

この頃の世界では、ロシア革命など、民衆の主導で国家の形態が大きく変わるという出来事が起こっていた。いわば明治維新もそのひとつといえ、間近で革命を体験していた分、当局も異常なまでに神経を尖らせていたのである。

たとえば、明治41（1908）年には、フランス映画『仏蘭西大革命ルイ十六世の末路』が警視庁によって上映中止を命じられた。そのため映画の興行師は無理やり筋書きを直して、ルイ16世を盗賊の親玉にして『北米奇譚・巌窟王』とタイトルを変え、強引に上映した。

また戦前は天皇や皇室を冒涜すると、**不敬罪**（昭和22年に廃止）に問われたため、俳優は天皇を演じることができなかった。日本の映画に初めて天皇が登場したのは、1951年の『源氏物語』でのことで、それも御簾の向こうの薄暗いところに座っているというだけのシーンだった。

●厳しさを増す当局の弾圧

当初の検閲制度は、それほど厳しくはなかった。明治中期には、各地で自由民権運動が巻き起こったが、そのときの雑誌類で発禁処分にされたものはほとんどなかった。ところが明治末期から昭和にかけて、共産主義が世界的なブームになると、当局は体制批判者を情け容赦なく取り締まるようになった。言論封殺がまかり通るようになり、思想弾圧に発展していったのである。

検閲を受けた写真。機密上、不適当とされる箇所に×印がつけられている

『蟹工船』という本がある。富国強兵の旗印のもと、法の網の目を潜って船員に過酷な労働を強いた蟹工船の実態を余すことなく書いたルポルタージュである。この『蟹工船』の作者、小林多喜二（1903〜1933）は、言論弾圧によって抹殺された。その死に様は、まさに戦前の暗部を象徴するかのようなものだった。

小林多喜二は、昭和8（1933）年2月20日に、東京赤坂で逮捕されると、その日のうちに亡くなっている。報道発表の死因は、"心臓麻痺"だった。

しかし、実際の死因がそんなものでないことは、少しでも教養のある者なら皆分かっていた。遺体の検案に立ち会った作家の江口渙は、その時の様子を次のように残している。

「何という凄惨な有様であろうか。毛糸の腹巻

小林多喜二

● **プロレタリア文学の旗手、小林多喜二の死**

小林多喜二は、小樽高等商業学校（現・国立小樽商科大学）を卒業した後、銀行員をしていた。次第に共産主義にのめりこむようになった。明治44（1911）年には、大正14（1925）年には普通選挙法と引き換えに**治安維持法が制定**され、共産主義は非合法に認定された。

しかし、財閥や大企業による搾取を目の当たりにし、次第に共産主義にのめりこむようになった。

時の政府は、共産主義に対して、極めて厳しい態度で臨んだ。明治44（1911）年には、政治犯、思想犯の摘発を目的に、悪名高い**特別高等警察（特高警察）を創設**。また、大正14（1925）年には普通選挙法と引き換えに**治安維持法が制定**され、共産主義は非合法に認定された。

しかし、多喜二は不屈の作家だった。

昭和3（1928）年に、左翼活動家1600人が検挙

の半分ほどに隠された下腹部から、左右の膝頭にかけて、下っ腹といわず、尻といわず、前も後もどこもかしこも、まるで墨とべにからをいっしょにまぜて塗りつぶしたような、何ともいえないほどの陰惨な色で一面におおわれている。その上、よほど内出血があったと見えて、腿の皮膚がぱっちりハリ割れそうにふくれ上がっている」

された「三・一五事件」が勃発すると、多喜二は特高警察による壮絶な拷問の様子をリアルに描き、当局を憤慨させている。その筆鋒は衰えることなく、翌年には『蟹工船』『不在地主』などを発表。これらの活動が原因で銀行を首になると、多喜二は東京に住居を移して、在京の運動家たちと交流を持つようになる。こうした多喜二の動きを警戒した警察は、翌年に**大逆罪と治安維持法違反の疑い**で、多喜二を逮捕、起訴する。多喜二はそれでもめげることなく、保釈後の昭和6（1931）年に、非合法組織であった**日本共産党に入党**し、以後は地下活動に没頭する。

しかし、昭和8年、悲劇的な最期が訪れる。多喜二は内偵中のスパイにおびき出され、東京の赤坂に行った。そこで待ち受けていた特高警察に逮捕され、激しい拷問の末、息を引き取ったのである。江口渙の『作家　小林多喜二の死』によれば、多喜二は寒中、丸裸にされ太いステッキでさんざん打ち据えられたという。

多喜二の遺体の解剖は、特高を恐れたためか、どの病院でも引き受けてもらえなかったといわれる。

特高警察とは、それほど畏怖された存在だったのだ。

検閲や思想弾圧は、戦後、日本国憲法が制定されたことによって、その活動を停止した。よくマスコミの世界では、**言論の自由を守る**、ということが主張されている。言論の自由が守られていれば、多喜二のような悲劇は二度と起こることがない。言論の自由を守ることは、そうした**国家の横暴を許さないことにもつながる**からなのである。

立ち上がる労働者たち

【資本家 vs 労働者の戦いが勃発！】

● 労働者と資本家の激しい戦い

戦前は、国民の権利が制限されていたために、労働者たちは資本家の意のままに操られていたと思っている人もいるのではないだろうか。

しかし、戦前は、**戦後以上に労働運動が激しかった**のである。

明治10年代、すでにストライキは始まっている。

初期のストライキで有名なものは、高島炭鉱、三池炭鉱、佐渡鉱山の暴動、甲府雨宮製糸女工スト、大阪天満紡績ストなどである。しかし、これらは一時的に発生したもので、組合などもなかった。

労働運動が組織化するのは、明治30（1897）年に社会運動家の片山潜（せん）、高野房太郎らによって**職工義勇会**が結成されてからである。その後、労働運動は急速に盛り上がったが、明治33

190

大日本紡績橋場工場のスト。昭和2年、女工3000人が待遇改善を求めて団結した

（1900）年に、労働運動を鎮圧するための法律「**治安警察法**」が公布されると、その勢いを失っていくことになる。

一時下火になった労働運動は、第一次大戦後の**大正デモクラシー、ロシア革命**とともに再び興隆し、大正10（1921）年には、当時最大の組織だった**日本労働総同盟**は、10万人の組合員を数えるまでにまで膨脹していた。その後も、労働運動が熱を帯び、昭和6（1931）年には、組織率7・9％、組合員数は合計で37万人に達した。

またこの年は、ストライキなどの労働争議が2456件も行われた。現代では、年間労働争議の件数は1000件以下なので、当時は**2倍以上ものストライキが行われていた**ことになる。

労働争議は、当時隆盛を極めた紡績会社を中

松竹歌劇団のストで演説する女優の水の江瀧子

たりした。

たとえば昭和5（1930）年9月、東洋モスリン亀戸工場で起きた**洋モス争議**では、白鉢巻に赤いたすき姿の女工たち2500人が工場を占拠。会社は右翼系の暴力団や警官隊を突入させるが、女工たちは**目つぶし、竹槍、糞尿などで対抗**した。

同年に起きた**富士紡績のスト**では、神奈川合同労組の田辺潔が、工場内の37メートルの大煙突によじのぼったまま、130時間も降りてこなかった。昭和7年の**多木製肥所争議**では、警官隊

心に、製造業や小売業、サービス業といった分野でも頻発していた。

変わったところでは、昭和7（1932）年に、**大相撲の力士たちが待遇改善を求めてスト**を行っている。翌年には、**松竹歌劇団**も団員の退団に抗議し、ターキーこと**水の江瀧子を団長にスト**を決行したこともあった。

戦前の労働争議は、**現在とは比べものにならないほど激しかった**。労働者側は職場に立てこもったり、市中をデモ行進したりし、工場設備などを破壊することもあった。企業側も、右翼団体を雇って威嚇したり、警官隊を突入させ

との衝突で**死者が2名**も出ている。その過激さは当時の労働者が作ったポスターを見てもわかる。「仲門町に血の雨が降る」「全市民の敵社長○○を葬れ‼」など、凄まじい文言が並んでいるのだ。

しかし、大正14（1925）年に、治安警察法を拡大した治安維持法が公布され、取り締まりが強まると、労働組合は内部分裂を繰り返し、運動は急速に沈静化した。

国も取り締まるだけではなく、労働者の不満をくみ、**労働環境の法的な整備**に取り組み始めた。1900年前後、労働者の平均的な勤務時間は、繊維業界で1日あたり12～13時間だった。これが明治44（1911）年に工場法が制定されると、平均労働時間は10時間程度、1時間の休憩が取れるようになった。また昭和4（1929）年には、女性の深夜労働も禁止されている。

これらは現代の常識（8時間労働）から見れば、かなり不十分のように見える。しかし世界的に見ても、まだ労働者の権利というのは確立される途中だったのである。

●丁稚奉公という雇用制度～岩波書店のストライキ～

戦前の日本は、「サラリーマン」という新しい雇用形態が広がりつつあった時期だが、その一方で江戸時代から続くいわゆる**丁稚奉公**と呼ばれる雇用形態も根強く存在していた。戦前は新旧の雇用形態が混在していた社会なのである。

丁稚奉公というのは、テレビドラマ『**おしん**』などに見られるような、住みこみで下働きをす

る少年少女たちのことである。

子供を丁稚奉公に行かせると、口減らしになり、親は現金収入も得ることができる。対象になったのは、小学校卒の12歳くらいから、高等小学校を卒業する14歳くらいの少年少女だったが、明治時代には、『おしん』さながら、**7、8歳で行かされる**ケースもあった。

丁稚奉公の労働契約は、一種の身売りのようなもので、まず実家が2,300円の前払いの報酬を受けとり、子供は2～3年は**ほとんど無報酬**で働く。この年季があけると、1年間は**お礼奉公**といって無報酬で働き、その後やっと報酬をもらえるようになる。丁稚の中には、親方に気に入られて、独り立ちする者もいた。

仕事はハードで、まだ外が暗い3、4時に起床。掃除や洗濯などの雑用を一通りこなした後、**みな足がアカギレ**になっていた。1月16日と7月16日の年2回だけ、この時期のことは**藪入り**と呼ばれる。

仕事の手伝い。小僧さんはタビを履かない決まりだったので、**年に2回の里帰り**だった。

そんな小僧さんたちの楽しみは、若干の小遣いももらえた。この商店では、丁稚奉公は江戸時代から続く雇用制度で、日本の社会に深く根づいたものだったが、彼らは里帰りすることが許され、

すでに時代にそぐわなくなっていた。丁稚奉公は家庭的といえば聞こえはいいが、実態は著しく悪い待遇で過酷な労働を強いるものだったからだ。

ご飯が食べられるだけで幸せだった江戸時代ならば我慢できただろうが、社会がそれなりに豊

丁稚奉公をする小僧さん

かになると、制度自体が成立しなくなってくる。おりしも世界では、社会主義、共産主義の嵐が吹き荒れていた。労働者の権利や同盟罷業（ストライキのこと）といった話は、丁稚奉公の小僧さんでも知っているのである。

昭和初期には、興味深い事件が起きている。

新書や広辞苑といった学術系の書籍で有名な、岩波書店という老舗出版社がある。

かつてその岩波書店が、**丁稚奉公の少年店員らによって労働争議を起こされた**のである。

昭和3（1928）年3月12日、岩波書店の少年店員80名と、その向かいにあった巌松堂というかんしょうどう 書店の少年店員42名がストライキを決行した。

巌松堂の小僧さんが店で年長の従業員に殴られたことを発端に、少年店員たちが団結し、封建的な雇用制度の改善を書店側に突きつけたのである。

岩波書店、巌松堂の少年店員の要求は、

・臨時雇用制度の廃止
・給料の増額
・時間外手当の支給
・寄宿舎の改善

・退職手当、解雇手当の制定
・店員を殴った者を解雇すること
・"どん"づけで呼ばないこと
・玄米飯をやめること
・1畳に1人ではなく、2畳に1人の宿舎にすること
・8時間労働制にすること
・月3回の休日を与えること

などだった。こうした要求がされたということは、この当時の小僧さんは、1人あたりの住居スペースが1畳しかなく、食事も玄米飯で、月に休みが3回もなかったということだろう。

この事件は新聞でも大きく取り上げられ、社会問題にもなった。

ストライキから5日後の3月17日、両書店は少年店員側の要求を受け入れることにした。**小僧さんたちは、勝利を収めた**のである。江戸時代から200年以上の伝統を持った丁稚奉公は、戦後にGHQらによって労働法規が整備されたことや、義務教育期間の延長などによって、消滅。

丁稚奉公を雇っていた商店などは、その後、**きちんとした雇用契約を結び直した**という。

【思想弾圧は宗教にも及ぶ】

国家に弾圧された「大本教」

戦前の逸話
其の
31

● 戦前もあった新興宗教ブーム

あまり知られてはいないが、現代の日本社会で強い影響力を持つ宗教団体の多くは、戦前期に設立されたものである。たとえば、幕末から明治にかけて、金光教や神道本局、神理教、天理教、大本教といった教団が勃興し、大正から昭和初期にかけてはひとのみち教団（現・PL教団）、霊友会、世界救世教、生長の家、立正佼成会、創価学会といった団体が生まれている。

戦前の日本は、まさに "宗教の時代" を迎えていたのだ。

それでは、なぜ戦前期の日本には、これほど多くの教団が乱立したのだろうか。

当時の日本の国民は、**戦争と内なる脅威**に常に脅かされていた。明治から昭和にかけては、日清戦争、日露戦争、第一次世界大戦と10年ごとに大規模な戦争が勃発しており、人々はみな戦争の脅威に怯えていた。また、国内の経済格差ははなはだしく、財閥の長など数百億円の年収を誇

197

る者もいれば、一食もまともにとれない貧民がゴロゴロしていた。そうした人々の悩みや苦しみに応えたのが、新興宗教だったとも考えられる。

しかし、すべての新宗教がすんなりと国家に受け入れられたわけではなかった。

オウム真理教の事件などが記憶に新しい現在では、新興宗教と聞くとあまりいいイメージを抱かない人も多いかと思うが、戦前も似たような状況だった。そのなかでも、日本の戦前史において特に敵視された団体があった。その団体の名は、**大本教**（現・大本）である。

新宗教の多くは異端視され、弾圧されることが多かったのである。

● **大本教の成立**

大本教が成立したのは、明治31（1898）年の頃だといわれている。

開祖は、**出口なお**（でぐち）という女性である。

出口なおは、明治25（1892）年の2月、55歳の時に神がかりになったのをきっかけに、近隣の住民などを相手に祈祷などを行うようになった。祈祷は、当時の近代医学が未発達だった日本では、その効能が民間で広く信じられていたことで、祈祷師は、病気の治癒や雨乞い、ときには憑いたキツネを祓うといったことまでしていた。当初は、出口なおもそうした祈祷師の一種に過ぎなかったと思われる。

大本教の聖祖、出口王仁三郎

それが劇的に変わったのは、上田喜三郎と出会ってからだった。幼い頃から霊的な事柄に興味があったという喜三郎は、出口なおに出会い、常人ならざる力に感銘を受けたといわれている。そして、その教えを広めるべく、喜三郎は布教の拡大に尽力し、みるみるうちに教団を巨大な組織に作り上げていったのだ。

喜三郎は明治33（1900）年に、出口なおの末娘と結婚し、**出口王仁三郎**と名乗るようになる。

彼は**宣伝マンとしても非常に有能**で、教団の発展のために現代にも通じるような様々なアイデアを実行した。王仁三郎は、『神霊界』という機関紙や『綾部新聞』といった新聞を発行し、教団の広報に努め、「**神がかりの修行が実践できる**」とアピールした。これらは大きな効果を生み、信者の数はうなぎのぼりに増加。大本教は急激に力をつけていった。

勢いに乗る大本教は、集まったお布施をもとに、金龍閣や黄金閣といった瀟洒な教団施設を建設した。また、大正8（1919）年には、亀山城を買収、翌年には大阪の有力紙、**大正日日新聞を買収**し、言論活動に乗り出した。

第二次大本事件後、編笠をかぶって出廷する王仁三郎ほか教団幹部

当時流行していた「昭和維新」を標榜し、会員に軍事訓練などを施すようになった。そして昭和10（1935）年12月8日、警官隊500名が綾瀬と亀山の教団本部に突入。王仁三郎は、布教先で不敬罪と治安維持法違反の疑いで検挙さ

この行動は、警察を大いに刺激した。

●戦前の宗教弾圧「大本事件」

拡大を続ける大本教では、一部の者から「根本的な社会変革」を主張する声が聞かれるようになった。反体制勢力にあたるとして警戒を強めた当局は、大正10（1921）年2月12日、王仁三郎と教団幹部の検挙に踏み切った。罪状は**不敬罪と新聞紙法違反**だった。

警察は、王仁三郎ら教団幹部を厳しく追及した。また綾部にあった教団本部も警察の手によって壊滅させられた。裁判は大審院まで争われたが、大正天皇の崩御にともない、免訴になっている（**第一次大本事件**）。

司直の手を逃れた王仁三郎は、免訴される前後から次第に急進的な活動に力を注ぐようになった。右翼の大物である頭山満らと交流を持つようになり、昭和神聖会を結成。

れた（**第二次大本事件**）。

当局の激しさは、第一次大本事件の比ではなかった。捜査は教団の支部にも及び、60名を超える検挙者が出た。取調べも苛烈で、**16名が拷問により死亡**している。また、教団の聖典になっていた王仁三郎の『霊界物語』など一連の著作物は発禁処分が下され、綾瀬や亀山の教団施設は**跡形もなく破壊**。その他の施設も競売にかけられ処分されている。

裁判は逮捕から3年後に始まり、激しい法廷闘争が繰り広げられた。弁護団の奮闘もあり、治安維持法については第二審で無罪の判決が下った。不敬罪に関してはその後も争われ、結果的に、昭和20（1945）年の敗戦に伴う特赦令で無効となったが有罪判決が出されている。

当局の対応がここまで苛烈を極めたのは、当時の世相も影響していた。

第二次大本事件の前後には、「昭和維新」を実現するための実力行使である**五・一五事件や二・二六事件**が勃発している。大本教は当時の右翼系テロ組織とはそれほど深いつながりはなかったというが、当局の目にはたんなる宗教団体としてではなく、ひとつの政治団体、それも信仰という並外れた力で結束した**強大な不穏分子として映った**のだろう。

大本教は、その後も活動を続けたが、昭和23年に王仁三郎が亡くなってから、教団は分裂を繰り返し、規模は縮小することになった。

海を渡った移民たち

【豊かな生活を夢見た開拓者】

● 移民たちの時代

戦前の日本には、国を捨て海の向こうに生活の場を求める者たちがいた。

彼らが向かったのは、**ハワイやアメリカ大陸**で、なかでも移住先としてよく選ばれた**ブラジル**には、**約100万人の日本人が移民として渡った**といわれている。

海外への移民は、国が奨励していた事業だった。移民事業は、日本で充分な暮らしを送ることができない人々を送り出す「口減らし」になるとともに、**外貨獲得の手段**にもなる。現在の後進国が出稼ぎを奨励するのと同じ原理である。

数々の戦争に勝利し、植民地を手に入れ、一等国の仲間入りをしたつもりでいた日本だったが、その一方で、外貨獲得のために国民を世界各地に出稼ぎに行かせていた。このアンバランスさこそが、戦前の象徴だともいえる。

移民を推進する昭和初期のポスター

日本の移民の歴史は古く、明治維新直後には、早くも最初の移民団がハワイに向けて出発している。**移民団は141名**で、そのうち女性は6名、子供は1名だった。彼らは3年の労働契約でハワイの農場で働くことになっていた。当時のハワイは、アメリカによる開発が始まったばかりで、労働力が不足していた。同地は、それ以降も日本人の主要な移民先となり、昭和16（1941）年までに**23万人が押し寄せた。** ハワイに日系人が多いのは、このためなのである。

その後、移民先はハワイだけに留まらず、前述のアメリカ大陸やフィリピン、オーストラリアなどに拡大していった。

当時の日本人は、**非常に勤勉で、どの地に行っても懸命に働いた。** そうして得た金は、本国に仕送りしたり、貯めて農地を購入したり、商売を始めたりした。そのため、他国の移民のようにギャンブルで身を持ち崩したり、闇社会に沈んでいくようなことはほとんどなかったといわれる。アメリカでは、マフィアなど、移民たちによる犯罪集団がしばしば生まれているが、日本人移民によるギャング団

というのは、ほとんど見られなかった。

しかし、日本人移民たちはその勤勉さと閉鎖性が災いして、現地の人々からはあまりよく思われていなかった。「移民が多すぎる」「日本の移民は移民先の社会になじんでいない」などの理由で、**移民先から排斥を受け始めた**のだ。

そのため、国によっては**日本人移民の受け入れを拒否**するところも出てくるようになった。

たとえば、オーストラリアは、明治31（1898）年の時点で日本人の入国を禁止。主要な受入国であったアメリカでも、**日本人移民に対する感情が悪化**していた。

明治41（1908）年には、日米間で紳士協定が結ばれ、日本はハワイの移民がアメリカ本土にいく場合、旅券を発行しないことになり、アメリカ本土にいる移民も家族しか呼び寄せることができなくなった。知人を呼ぶという名目で移民させるケースが多かったからである。

そのため、アメリカに働きに出た若者の間で、**結婚相手が著しく不足する**ことになった。当時のアメリカ在住の日本人の男女比は5：1だったが、**適齢期の未婚の男女比は200対1**などという状況だった。

その結果、写真の交換だけで結婚を決める「写真花嫁」が急増した。紳士協定では親族に限って呼び寄せていいことになっていたので、写真を見ただけの女性を結婚相手として呼んだのだ。

その数は**2万人にも上る**とされる。

● 移民のたどった過酷な運命

その後、アメリカでの日本人移民の立場は悪化の一途をたどった。

大正2（1913）年には、カリフォルニア州で**日本人による農地売買が禁止され、**1920年代になるとワシントン州やテキサス州などでも同様の措置がとられるようになった。大正13（1924）年には**「排日移民法」**が制定された。内容は、日本からの移民を大幅に制限するもので、日本人の反米感情を煽ることになった。

そして、第二次世界大戦が始まると、日本人移民の多くは苦しい立場に追い込まれることになった。日本はドイツとイタリアを除く、ほとんどの欧米諸国と戦争状態に突入したため、海外にいる**日本人移民は現地で敵国人として扱われる**ことになったのだ。

アメリカやキューバ、メキシコでは、**あわせて12万人の日系移民が強制収容所に入れられた。**

またブラジルでは、日本人街ができていた大都市サンパウロで、日系人の居住が許されなくなっ

サトウキビ畑で働くハワイの日本人移民

た。そのため、ブラジル日系移民の大部分は、ブラジル南部奥地のアリアンサ、バストス、チエ、アサイといった**日本人開拓地に行き場を求めた。**

このアマゾン奥地の日系ブラジル社会は、第二次大戦後、大きな混乱をきたすことになる。都心部から遠く離れており、情報があまり入ってこなかったことが災いして、日本の敗戦を信じることができなかったのである。

そのため、戦後間もない頃の日系ブラジル人社会では、日本の敗戦を信じない「**勝ち組**」と、日本の敗戦を受け入れる「**負け組**」の、ふたつのグループが生まれ、互いに反目し合い、ときには血なまぐさい暴力事件に及ぶことまであった。その後、時間が経って情報が入ってくるようになったことで、日本の負けを信じない「勝ち組」も事実を悟り、両者の争いは収束した。だが、この対立は日系ブラジル人社会に大きな禍根を残すことになったのである。

また、日本人移民の子孫の中には、志願して大戦に飛び込んでいく者たちもいた。

戦時中、アメリカの日系人たちが中心となって編成された、**第442連隊戦闘団**という部隊があった。同部隊は非常に勇敢で、ヨーロッパ戦線の中でも特に激しい戦地に投入され、**死傷率延べ314％**という死傷者を出しながら奮戦。**アメリカ史上もっとも多くの勲章を受けた。**こうした努力もあって、戦後、日系人の地位は**模範的な移民**として次第に認められるようになっていく。

第442連隊からは、2人のハワイ州選出上院議員が生まれている。

【やはり戦争には行きたくなかった】徴兵制度と徴兵逃れ

戦前の逸話 其の33

● 戦争に行きたくない男たち

戦前の日本というとガチガチの「軍国主義」国家であり、**「戦争に行きたくない」とは口が裂けても言えなかった**イメージがある。

しかし、それはあくまで表面的なことである。

当時も、**できれば戦争には行きたくない**、と思っている者は多かったのだ。

戦前の日本では、男子は20歳になると、必ず**徴兵検査**を受けなければならなかった。

検査では、体格や持病の有無などによって被験者を甲、乙、丙、丁、戊の5つに格づけした。甲は、体格面、健康面ともに問題なく、すぐにでも入隊可能な者で、戊は重大な病気がある入隊不適格者だった。

検査会場では、被験者の家族も多く集まった。なかには、結果を心配するあまり、塀に穴をあ

けて覗き見したり、門をよじ登って中を見ようとする者もいたという。

当時、徴兵に応じるのは国民の義務であり、故意に徴兵を逃れれば、**3年以下の懲役**に処されることになっていた。しかし、本音をいえば、だれも戦争には行きたくなかったし、また、家族も行かせたくなかったのである。そのため、なかには徴兵制度の盲点をつき、兵役から逃げる者もいた。いわゆる、**徴兵忌避者**である。

●徴兵忌避のテクニック―合法編―

それでは、徴兵忌避者たちは、どのような手を使って兵役を逃れていたのか。

その方法には、**合法的な手段と非合法的な手段の2種類**がある。

まずは、合法的な手段について紹介しよう。

徴兵制度がはじまった当初は、**金さえ払えば、戦争に行かずに済んだ**。270円（現在の価値で**約270万円**）の免除料を支払えば、徴兵されなかったのだ。だが、この制度は、金持ちを優遇するものだとして批判が殺到し、明治16（1883）年の法改正で廃止になった。その間、この制度を利用して徴兵を逃れた者は、**約2000人**にのぼった。

金で解決できなくなった後は、**養子縁組を使った方法**が流行した。

当時の徴兵制度では、**一家の長は徴兵免除という特例**があった。そのため、徴兵されそうに

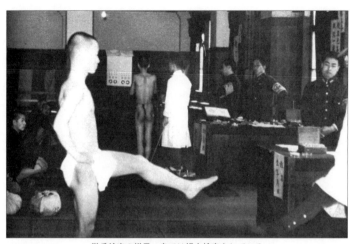

徴兵検査の様子。奥では視力検査をしている

なると、男子のいない家に養子に行ったり、また、形ばかりの家を作って長にすえるといったことが頻発した。明治9（1876）年から同16年までの養子縁組の件数は、**約9万件**。あまりに数が多かったため、明治22年の改正で、一家の長の兵役免除はなくなり、この方法も使えなくなった。

そうしたなかでも、長く使えたのが、**学歴を使ったテクニック**だった。

徴兵令では、中学校を卒業し、文部省が指定する高校や大学、専門学校などに進学している場合は、**26歳までは徴兵を免除する**という決まりがあった。

満州事変が勃発した昭和6（1931）年、徴兵猶予となった学生は**約8万人**、その3年後には**過去最高の約9万人が徴兵猶予**となっている。当初、学生の徴兵免除は、官立学校だけが対象の予

定だったが、私学が猛反発したため、文部省が認めた私学にもその範囲を広めることになった。

その結果、徴兵猶予が認められた私学には、**受験者が殺到**。しかし、戦争が激化するにつれ、この制度は廃止され、理工医の一部を除き、学生はみな戦争に駆り出されていった。

その他では、**海外逃避**という方法もあった。

当時の徴兵制度では、海外留学者や海外勤務者の徴兵は免除されていた。これは、明治以来、「**外国に学ぶ**」ことを国是としてきた政府が、より多くの若者を外国に学ばせようとして設けた制度だった。陸軍の統計によると、国外にいたため徴兵延期になった者は、**昭和元年（1925）で約3万7000人**、満州事変直後の**昭和7年で約4万5000人、昭和11年になると約5万4000人**にまで増えていた。

また、**北海道や沖縄に行く**という方法もあった。

当時の北海道や沖縄では、労働力を確保する必要から徴兵を行っていなかった。そのため、本籍地を北海道や沖縄に移せば、徴兵から逃れることができたのである。

るために**本籍地を北海道にしていた**たという。

その他、少しグレーな方法にはなるが、**コネを使って徴兵を逃れる**という方法もあった。

たとえば、映画監督の**黒澤明**は、徴兵検査の担当官がたまたま父親の教え子だった。そのため、彼は徴兵を免れている。

夏目漱石も、徴兵を避け

徴兵検査に合格し、召集を受けて海軍に入隊する若者たち

● 徴兵忌避のテクニック—非合法編—

非合法な手段には、それこそ無数の方法があった。

国民はありとあらゆる手段を使って、徴兵を逃れていたのである。

まず、もっともシンプルな手段は、**逃亡**である。これは〝行方不明者〟にならなくてはいけないため、社会生活上、大きな制約を受けることになった。それでも「兵隊に行くよりはマシ」ということで、この方法をとる者が絶えなかった。

当時の調査によれば、徴兵検査の対象者のうち、**毎年2000人前後が行方不明**になっていたという。変わった例では、死亡届まで出して地下に潜伏したケースもあった。行方不明者は北海道で開拓民になったり、工事現場に紛れ込んだりしていたよう

211

だ。ある行方不明者の手記によると、工事現場の飯場には、**100人中4、5人の懲役忌避者が**

いたという。

また、より極端な方法に「**犯罪を起こす**」というものもあった。

徴兵令では「**6年以上の懲役、禁錮を受けた者は徴兵しない**」決まりだった。そこで、わざと

犯罪を起こして刑務所に入ろうというのである。具体的なデータがないため詳細は不明だが、満

州事変以降、国内では**刑期6年前後の犯罪が急増**している。そのなかには犯罪忌避者が相当数ふ

くまれているのではないかと推測できる。

その他では、**自傷**という方法もあった。

徴兵検査の体格、健康面で不合格になるために、あえて自分の身体を傷つけるのである。具体

的な方法としては、**目を突く、指や手を切る、足を折る、精神病を装う**など。また、体重を急激

に減らしてみたり、検査前に醤油を一気飲みして心臓障害を起こすという方法もあった。

これらの非合法な徴兵忌避は、戦争が泥沼化するにつれ、難しくなっていった。在郷軍人会や

青年団、特高警察といった監視の目が厳しくなり、逃げることができなくなったのである。

それでも昭和5（1930）年の検査では、約60万人中、**438人が身体毀傷や病疾詐称で摘**

発されている。これは不正が発覚した人数なので、うまく逃れることができた者も含めれば、か

なりの数になっただろうと思われる。

大正7（1918）年の帝国議会で、文部次官の田所美治が興味深い発言をしている。

　身長も年々少しずつは増してくる、また体重も少しずつ増してくる、胸囲も少しずつ増してくる、男女を通じましてこれが一〇年間にほとんど例外なしに少しではありますけれども、増加しつつあるような状況であります。（中略）

　それならばそれがためにどういうわけで、徴兵の時分にそういう反対の結果を生じつつあるかということは、これはいろいろまた教育以外の点からも、調査いたさなければならぬと存じております。

　日本人の体格は年々よくなっている。しかし、なぜか徴兵検査になると逆の結果が出る、と言っているのだ。実際、この発言があった頃には、調査の度に毎年70グラムほど調査対象者の平均体重が落ちている。文部次官は**徴兵検査を受ける者が何らかの不正をしているのではないか、**と暗に指摘しているのである。

　勇ましいイメージがある戦前の日本人だが、やはり**戦争には行きたくなかったというのが本音**だったのかもしれない。すべての、とはいわないが、ここで紹介した姿こそ、戦前の日本人の真の姿だったのではないだろうか。

【戦後、忽然と姿を消した幻の都】

消滅した巨大都市

●今はなき、幻の都

東京都には、**多摩**という地域がある。奥深い山々や澄んだ清流など、豊かな自然を有している、一見、東京とは思えないほど穏やかな景勝地である。

この多摩が戦前、**全国でも有数の巨大都市だった**と聞いて、信じられるだろうか？

戦前の多摩には、約６万の人口がいた。また、多摩に働きにくる者も多く、約23万という労働人口を擁していた。戦前、**20万もの労働人口がいる都市というのは稀な存在**である。

では、この戦前の多摩には一体なにがあったのか？

実は、多摩は**「軍都」**だったのである。

軍都とは、軍事関連の施設や学校、工場などを中心に作られた街のことを指す。戦前は国を挙げて軍事産業に取り組んでいたため、工場や施設では仕事が溢れている。そこに自然と人々が集

皇紀2601（1941）年の年始を祝う、中島飛行機武蔵野製作所

まり、街が形成されたのである。

戦前の多摩を含めた武蔵野地域には、数々の軍事施設があった。

代表的なものでは、**陸軍航空士官学校**や**傷痍軍人東京療養所**、**多摩陸軍技術研究所**。軍用飛行場もあり、当時の日本最大の航空機メーカー、**中島飛行機の武蔵野製作所**もあった。街には住民や働きにくる労働者のために飲食店や商店が並び、学校、病院が作られ、遊郭まであった。

つまり、戦前の多摩地域は軍用の厳つい建物が立ち並び、上空では航空機がひっきりなしに飛び交うような、軍人や労働者で溢れかえった活気のある街だったのである。

●ほかにもあった軍都

戦前には、そうした「軍都」と呼ばれる都市

大刀洗陸軍飛行場で敬礼する若い航空兵たち（写真提供：朝日新聞社）

がたくさんあった。

市川（千葉県）や**豊橋**（愛知県）のように陸軍の師団や連隊が置かれていた都市、**横須賀**（神奈川県）や**呉**（広島県）のように海軍の軍港があった都市、そして多摩のように飛行場や航空関連の施設があった都市である。

戦前、日本は**世界でも有数の軍事大国**であり、少ない時でも国家予算の30％、多い時では80％以上が軍事費で占められていた。この巨額の軍事費は、軍艦、飛行機等の製造費、軍人の給料などに充てられたわけだが、結果的にそのお金の多くは軍都に落ちることになる。つまり軍都はお金の集積地でもあったのだ。

そのお金をあてにして、また多くの人々がやってくる。人口の増加に伴い学校や病院、商業施設なども発達する。そうやって軍都は、独特の栄え

方をしてきた。

ところが、その栄華にも敗戦と同時に終わりがくる。戦争が終われば、軍事施設は用を成さなくなる。施設の廃止や取り壊しによって、**軍都の多くは寂れていった**のだ。

多摩には、所沢市（埼玉県）の**航空記念公園**のように、かつての繁栄をしのばせるようなものが若干は残っている。だが、軍都の中には、まったく跡形もなく消滅したものもある。

たとえば特攻隊の基地があった**福岡県の太刀洗**（現在の地名は「大刀洗」と表記）。ここには甲子園球場の36倍の広さの巨大な軍事飛行場があり、陸軍の飛行学校の本校もあった。太刀洗は中国や朝鮮半島、東南アジアに向かう国際航路の出発点でもあり、旅館や商店が立ち並ぶにぎやかな都市だったのである。

ところが、現在の大刀洗は、**見渡す限りの田園地帯**である。そこにはかつての巨大な飛行場を思わせるものは何もない。あるのは、ただ、戦前という熱狂と迷走の時代を今に伝える、土地の記憶だけである。

おわりに

我々にとって「戦前の日本」というのは、どこか後ろめたい存在、コンプレックスを刺激するような存在だったのではないだろうか。

戦前の日本社会は、世界中を敵に回した大戦争を起こし、国土を焼け野原にしてしまった。そのため、どこかで日本人は戦前の記憶にふたをして、生まれ変わったような気持ちで戦後を生きてきたように思える。

だが、それも仕方がないことだったのかもしれない。

戦後、焼け野原から復興して、再び、世界の人々とうまくやっていくためには、それは必要なことだったのだろう。

しかし、もうそろそろこのタブーを解いてもいいのではないだろうか。

「戦前の日本」は、私たちの先祖たちが築き上げた社会である。今日の私たちが彼らの遺伝子を受け継いでいるのは、間違いないことなのだ。

今の我々の生活は、戦前に起源を持つものも多い。

戦前、すでに過酷な受験戦争が行われていたし、大量のサラリーマンも出現していた。

また戦前に蓄積されたものが戦後になって花開いたことも多い。

昭和39年に新幹線は開業したが、新幹線は戦後のたった19年で作られたわけではなく、戦前から計画されていたものなのである。

戦後の日本経済をリードしてきた自動車メーカー、電機メーカーのほとんどは戦前に誕生しているのだ。

我々は間違いなく戦前の恩恵、影響を受けて生きている。

彼らがどういった社会を作り、どのような生活をしていたのか？

それらを知ることは、私たちのルーツを知ることでもある。そして、それは私たちの将来のためにも必要なことではないかと思う。今後、二度と国を焼け野原にせず、安心して次の世代に引き渡すために……、先人たちの生活から学べることは決して少なくないはずである。

最後に、この企画を投げて頂いた本井編集長、制作をともにして頂いた編集者の権田氏をはじめ、本書が書店に並ぶまでにご尽力いただいた皆様に、この場を借りて御礼を申し上げます。

2021年5月　　筆者

主要参考文献

◆第1章

猪野健治『やくざと日本人』（三笠書房）／猪野健治『俠客の条件　吉田磯吉伝』（現代書館）

フィリップ・ポンス『裏社会の日本史』（筑摩書房）／永井荷風『つゆのあとさき』（角川書店）

永井荷風『墨東綺譚』（旺文社）／沢田和彦『白系ロシア人と日本文化』（成文社）

ナターシャ・スタルヒン『白球に栄光と夢をのせて』（ベースボール・マガジン社）

川本三郎『荷風と東京』（都市出版）／柘植久慶『ツェッペリン飛行船』（中央公論社）

太宰治『人間失格』（講談社）／『NHK　歴史への招待　第24巻』（日本放送出版協会）

三木幹夫『ぷるうふぃるむ物語』（立風書店）／長谷川卓也『猥色文化考』（新門出版社）

『変態資料　第1巻～第5巻』（ゆまに書房）／南博責任編集『近代庶民生活誌1～20』（三一書房）

森秀人『大衆文化史』（産報）／下川耿史『昭和性相史戦前・戦中篇』（伝統と現代社）

梅原正紀『ドキュメント日本人6アウトロウ「梅原北明」』（学藝書林）／加太こうじ『昭和事件史』（一声社）

◆第2章

阿部康二ほか編著『証券百年史』（日本経済新聞社）／森谷正規『技術開発の昭和史』（東洋経済新報社）

原田泰『世相でたどる日本経済』（日経ビジネス人文庫）／西川俊作ほか『日本経済の200年』（日本評論社）

永原慶二『日本経済史』（岩波書店）／有沢広巳監修『日本産業史1』（日本経済新聞社）

◆第3章

佐藤秀夫『教育の文化史』(阿吽社) ／上村行世『戦前学生の食生活事情』(三省堂)

管賀江留郎『戦前の少年犯罪』(築地書館) ／秦郁彦『旧制高校物語』(文藝春秋)

南博＋社会心理研究所編『日本人の生活文化事典』(勁草書房)

伊藤隆監修・百瀬孝『事典昭和戦前期の日本〜制度と実態〜』(吉川弘文館)

加藤秀俊『食生活世相史』(柴田書店) ／板垣邦子『昭和戦前・戦中期の農村生活』(三嶺書房)

兼松學（述）加賀谷貢樹（記）『戦前・戦後の本当のことを教えていただけますか』(PHP研究所)

清水勝嘉『昭和戦前期日本公衆衛生史』(不二出版) ／草間八十吉『近代下層民衆生活誌1〜3』(明石書店)

樋口忠彦『郊外の風景〜江戸から東京へ〜』(教育出版) ／大豆生田稔『お米と食の近代史』(吉川弘文館)

石川弘義編『娯楽の戦前史』(東書選書)

前間孝則『弾丸列車』(実業之日本社) ／佐藤忠男『日本映画史Ⅰ』(岩波書店)

上坂冬子『揚輝荘、アジアに開いた窓』(講談社)

永井道雄・原芳男・田中宏『アジア留学生と日本』(NHKブックス)

さねとうけいしゅう『中国留学生史談』(第一書房)

「藤野先生と魯迅」刊行委員会『藤野先生と魯迅』(東北大学出版会) ／黄文雄『日本の植民地の真実』(扶桑社)

自転車産業振興協会編『自転車の一世紀』(自転車産業振興協会) ／日本国勢図会『日本国勢図会 昭和10年版』(国勢社)

『東京玩具卸商同業組合史』(東京玩具卸商同業組合発行)

レトロ商品研究所編『国産はじめて物語』(ナナ・コーポレート・コミュニケーション)

小山仁示・芝村篤樹『大阪府の百年』(山川出版社)

小菅桂子『にっぽん台所文化史』（雄山閣）／大門一樹『物価の百年』（早川書房）

西山夘三『日本のすまい Ⅰ』（勁草書房）／今野信雄『明治大正昭和の旅』（旅行読売出版社）

初田亨『百貨店の誕生』（三省堂）／宮脇俊三『昭和八年渋谷駅』（PHP研究所）

秋山正美『少女たちの昭和史』（新潮社）／『旅情100年　日本の鉄道』（毎日新聞社）

沢寿次『旅の今昔物語』（講談社）／佐藤卓己『キング』の時代』（岩波書店）

塩澤実信『雑誌100年の歩み』（グリーンアロー出版社）／中川浩一『観光の文化史』（筑摩書房）

野口佳子『月給取りの昭和史』（東京法経学院出版）／岩瀬彰『月給百円』サラリーマン』（講談社現代新書）

白木正光編『大東京うまいもの食べある記』（丸ノ内出版社）

マルク・ブルディエ『同潤会アパート原景』（住まいの図書館出版局）

中村隆英編『家計簿からみた近代日本生活史』（東京大学出版会）

磯野誠一・磯野富士子『家族制度』（岩波新書）／湯沢雍彦『明治の結婚　明治の離婚』（角川書店）

◆第4章

エレノア・M・ハドレー他『財閥解体〜GHQエコノミストの回想〜』（東洋経済新報社）

石井寛治『日本の産業化と財閥』（岩波書店）

山本一生『恋と伯爵と大正デモクラシー』（日本経済新聞出版社）

酒井美意子『ある華族の昭和史』（主婦と生活社）

タキエ・スギヤマ・リブラ『近代日本の上流階級』（世界思想社）

竹村民郎『大正文化帝国のユートピア』（三元社）／三根生久大『帝国陸軍の本質』（講談社）

『別冊歴史読本・華族歴史大事典』（新人物往来社）

主要参考文献

『歴史読本2003年4月号　華族134年の真実』（新人物往来社）

瀬島龍三『日本の証言』（フジテレビ出版）／紀田順一郎『東京の下層社会』（新潮社）

平野謙『文学・昭和十年前後』（文藝春秋社）／梅田俊英『ポスターの社会史』（ひつじ書房）

三根生久大『帝国陸軍の本質』（講談社）／城山三郎『別冊文藝春秋第85号「教祖・出口王仁三郎」』（文藝春秋

高木宏夫『新興宗教』（講談社）／山本七平『私の中の日本軍（上下）』（文藝春秋

菊池邦作『徴兵忌避の研究』（立風書房）／足立伸子編著『ジャパニーズ・ディアスポラ』（新泉社）

五明洋『アメリカは日本をどう報じてきたか』（青心社）／庄田周平『昭和右翼史』（リッチマインド）

武藤山治『軍人優遇論』（実業同志会調査部）／上山和雄編『帝都と軍隊』（日本経済評論社）

そのほか、書籍やウェブサイトなど様々なものを参考にさせていただきました。

■武田知弘（たけだ・ともひろ）
1967年生まれ、福岡県出身。
出版社勤務などを経て、フリーライターとなる。
歴史の秘密、経済の裏側を主なテーマとして執筆している。
主な著書に『ナチスの発明』『教科書には載っていない　大日本帝国の真実』『教科書には載っていない　大日本帝国の発明』（彩図社）、『ヒトラーの経済政策』『大日本帝国の経済戦略』（祥伝社）等がある。

教科書には載っていない！　戦前の日本

2021年6月22日　第1刷

著　者　　武田知弘

発行人　　山田有司

発行所　　株式会社　彩図社
　　　　　東京都豊島区南大塚 3-24-4
　　　　　MT ビル　〒170-0005
　　　　　TEL：03-5985-8213　FAX：03-5985-8224

印刷所　　シナノ印刷株式会社

URL https://www.saiz.co.jp　Twitter https://twitter.com/saiz_sha